일상 철학 3

김정휘 지음

(관념미학 GNMH)
담론보다는 작품의 구성에 대한 탐구

청어

　저는 저의 스승님인 현일 박재봉 님이 창시한 '자천학(自天學)'을 공부하는 자천인이며, 저의 관(觀)을 형성해가며 그 와중에 틈틈이 사유의 흔적을 남긴 것을 이론으로 체계화 하고 있습니다. 그 결과물이 일상철학이며 제 일상철학 1권의 '지식의 해탈' 이론은 '자천학'을 공부하던 중 모티프를 얻어 이론적으로 체계화한 것이고, 이 "지식의 해탈" 이론은 일상철학 2권과 이번 책에 등장하는 현대미술에 대한 "관념미학(GNMH)"과 이론적으로 연결되어있습니다.

　"자천학"을 공부하시면 일상철학보다 훨씬 더 수준 높은 지식을 접하실 수 있으며 더 성숙해지는 데 큰 유익함이 있으니 일독을 추천드립니다. 저는 관념미학이론을 만들고 이 이론을 근거로 선정기준을 마련하여 1년에 1번 시상하는 국제미술시상식 관념미학 어워드(GNMH Award)를 운영해오고 있습니다. 저는 현재 유럽, 영미권을 포함한 다양한 나라의 미술관, 아티스트로부터 꾸준히 작품사진 및 카탈로그를 받아왔습니다.

저의 관념미학이론은 저의 시선이자 해석이지만 이를 계기로 작가가 현대미술의 무대에서 독창적인 작품을 하여 국제적으로 인정받는데 도움이 되었으면 하는 바람이 있습니다. 본인의 삶, 일상, 필드에 적용되지 못하는 지식은 공허하게 들릴 수 있음을 알기 때문에 제 이론의 타당성에 대해 누군가가 따져 묻는다면 제가 운영하고 있는 관념미학 어워드를 말씀드리고 싶습니다.

　이론의 본질은 견해입니다. 과학도 어찌 보면 견해죠. 단지 실증으로 신뢰도를 높인 견해일 뿐 귀납의 한계와 반증가능성은 늘 존재하고 그로인해 패러다임은 늘 변해왔으니 즉 쉽게 말해 이론은 지구본인데 지구본을 지구로 오해하는 일은 없어야 할 것입니다. 제 이론은 저의 견해이니 만큼 당연히 빈틈을 찾으려고만 한다면 어떻게든 찾아낼 수 있을지도 모릅니다. 그래서 조금은 너그럽게 제 글을 봐주십사 독자여러분들께 부탁드려봅니다.

　부모님 누나 그리고 많은 가르침을 주시는 제라울 스승님 그리고 저를 도와주시고 응원해주시는 많은 분들께 늘 감사한 마음을 가지겠습니다.

어느 따뜻한 봄날에
김정휘 올림

차례

I

현실에 대한 리얼리즘

냉정함과 담담함,
그 어느 중간지점에서
세상 바라보기

시간의 공(空)

아직 10살 밖에 되지 않은 A와 30살이 된 B가 있다.

눈앞의 사건에 대해 A는 새롭고 감흥이 있으며 이 사건은
오래 잔상이 남는다.

반면 B는 과거에 이미 비슷한 사건을 본적이 있고 따라서
이 사건은 바쁜 일상 속에 스쳐 지나게 된다.

A에게 1년은 살아온 날의 10분의 1이다. 즉 시간의 공을
아직 체감하지 못한다. 눈앞의 대상이 시간이 지남에 따라
어떻게 변화될 수 있는지 그리고 같은 대상을 훗날 본인이

어떤 다른 감정과 태도로 바라보게 될지 그 시간이 가져다줄 이면을 아직 느끼지 못한다.

　그래서 현재 시점에서 앞으로 1년간 눈앞에 나타나는 사람과 상황에 대해 표면적으로 탐닉하기 쉽다. 쉽게 말해 새 학기에 만난 친구와의 우정은 영원할 것 같고 새로 알게 된 게임은 너무나 신나고 들뜨게 만든다. A의 일상에는 사유가 비집고 들어갈 공간이 부족하며 감정과 자극으로 넘친다. 반면 B에게 1년은 살아온 날에 비해 그리 긴 시간이 아니다. 그리고 시간의 공을 은연중에 느끼고 있다. 따라서 현재 시점에서 앞으로 1년간 눈앞에 나타날 사람과 상황에 대해 때때로 탐닉의 욕망을 느끼긴 하나 감흥보단 사유가 따른다. 지금 만난 사람은 이해관계가 달라지면 다시 볼일이 없을지도 모르고 지금 좋아하는 물건이 유행을 탈수 있다는 것을 안다. 그래서 감흥보다는 점점 차분함과 눈앞의 그것이 시간이 지나면 다른 모습으로 다가오거나 혹은 스스로가 그것에 대해 정반대의 다른 감정을 느낄 수 있다는 것을 안다.

　나이를 먹어간다는 것은 시간의 공을 점점 더 체감하게 되는 것이 아닐까.

같은 상황, 다른 시선

'사람이 어떻게 그런 대우를 받을 수 있나'라는 시선을 쉽게 받을 위치에 있는 A에 대해서는 그가 부당한 일을 당해 이를 주위에 알리게 되면 A에 대해 공감하고 위로하며 그가 겪은 부당한 대우를 성토하는 목소리가 넘치곤 한다. 그래서 종종 A가 처한 상황과 처우에 대해서는 언론이 관심을 가지고 기민하게 여론이 조성되며 영민한 정치인들에 의해 해결책이 제시된 법안도 빠르게 마련된다.

A가 속한 다수의 동류집단은 현대문명의 제도적 문화적 발전의 혜택을 누리며 A가 누리는 권리가 곧 이 사회의 표준인양 이에 대해 자부심을 느끼는 사람들도 있다. 반면 '그 사람이 그런 대우를 받던지 말던지 별로 생각해 본적 없는데'

라는 시선을 받기 쉬운 위치에 존재하는 B가 A가 겪은 비슷한 부당한 일을 당하면 B의 가족이나 가까운 지인들 외에는 '세상이 그리 녹록한가 B야 이제라도 정신 똑바로 차리고 살아 순진하기는'이라며 되려 핀잔을 주거나 '그럴 줄 알았다'는 식 혹은 '너 같은 주제는 그런 일 당해도 싸다'는 악담도 들린다.

따라서 B의 부당한 상황에 대해서는 여론도 냉담하고 언론도 관심을 줄줄 모르며 당연히 정치인도 움직이지 않기에 제도적 개선이 이루어지긴 요원해 보인다. 같은 사회 내에서 사는 A와 B의 삶은 너무나 다르다. A에게는 너무나 쉽게 따르는 관심과 호응이 B에게는 한줌도 허락되지 않는다.

A는 국가가 보장하는 시민다운 삶을 살고 B는 무대 뒤 방음막이 쳐진 그늘에 내쳐진 것 같다. 그러다 B의 삶이 우연히 사람들에게 미디어로 조명되면 많은 사람들은 비로소 뜨악한다. '지금껏 A가 누리는 권리가 표준인 줄 알았거늘 우리 사회에 이런 경악할일이'라며 분노한 뒤 시간이지나면 관심을 돌리고 다시 제각각 일상으로 돌아간다. 잠시 조명을 받은 B는 상황이 어느 정도 개선되지만 그 순간 사회 내 어딘가에는 또 다른 B가 여전히 그늘 속에 웅크리며 삶을 견뎌내고 있다.

이미지 방패

정치인 A는 다가오는 선거에서 20대 청년의 표심을 잡기 위해 청년을 위한 다양한 정책적 지원을 아끼지 않을 것이라 약속을 한다.

본인이 속한 진영에 평소 우호적인 발언을 한 청년들을 모아 대화를 나누고 호프집에서 맥주도 마신다.

청년들과 어울린 사진과 영상을 수시로 SNS에 올리고 언론에 보도자료를 배포하여 기사화한다.

A는 서서히 청년과 소통이 되는 소탈한 정치인이라는 대

중적인 이미지를 만들어간다.

소통이 되는 이미지가 만들어지자 그는 그 이미지를 전면에 내세우고 뒤에서는 당에 청년 새내기들이 정치참여에 나서는 것을 견제한다. 비례대표 당선권 순번에 젊은 청년이 들어오자 은밀한 방식으로 이를 반대하고 그들 면전에서도 어린것이 무엇을 알겠느냐는 눈빛으로 노골적인 무시를 한다.

A는 청년과 소통이 되는 이미지를 방패삼아 청년을 은근히 밟아대지만 다수의 사람들은 그를 이미지를 통해 바라보기에 무대 뒤에서 당하는 청년들은 밖으로 폭로할만한 A의 명확한 행동이 발견되기 전까지는 그의 이미지 방패에 짓눌려 핍박을 견뎌낸다. 교활한 A는 대놓고 폭압을 가하진 않는다. 청년들 앞에서도 예의는 갖추되 언제나 은밀하게 다른 사람을 통해 청년들을 제압하고 기회를 교묘하게 빼앗으며 본인의 기득권을 공고히 하려 희번뜩 하지만 동시에 여론에는 민감하게 반응하며 본인의 이미지에 있어 필요하다는 판단이 들면 카메라 앞에서는 청년들의 정치참여가 갈 수록 배제되고 있다며 성난 얼굴로 목소리를 높인다. 그래서 청년 표심은 얻고 더욱 공고해진 친밀한 이미지로 청년들을 억누르며 본인의 밥그릇을 두텁게 한다.

멋에도 급이 있다

멋에도 급이 있다.

평소 옷을 잘 입기로 소문난 개그맨 A는 오늘도 화려하게 차려입은 채 거리로 나선다.

많은 사람들이 A를 알아보고 멋있다고 칭찬한다. 그때 우연히 식당에서 마주친 수수하게 입은 영화배우 B 가 합석하자 A는 왠지 화려해보이기 보다는 스스로 살짝 날티(?)가 난다고 느꼈다. 개그맨의 멋보다는 영화배우의 멋이 더 무게감 있어 보이기 때문이다.

국내에서만 알려진 가수는 홀로 등장할 때는 당당하고 세련되지만 미국, 유럽 등에서도 인정받는 국제적인 가수와 같은 방송에 나오자 평소 보이던 우아함이 약해 보인다. 국내에서만 인정받을 때의 멋보다는 해외에서까지 인정받을 때 멋의 급은 한층 위 더 높기 때문에 그의 세련됨이 살짝 묻히는 듯하다.

유명한 랩퍼 C는 본인의 멋의 급을 올리기 위해 현대미술을 뮤비에 차용하거나 본인의 SNS에 수시로 예술작품들을 업로드하고 언급한다. 앨범에서도 미술 아티스트와의 콜라보 작업을 즐기자 어느덧 그의 길거리 갱스터 같기만 하던 거친 랩에 고급미가 더해졌다.

화려한 패션 디자이너들은 현대미술을 자주 인용하고 이에 영감을 받는다. 디자이너의 화려함은 패션쇼가 열리는 곳에서는 그 우아미가 사람들의 이목을 집중시키지만 미술관 앞에서는 왠지 디자이너 스스로 느끼기에 본인의 멋이 가벼워 보인다는 생각을 한다 . 본인의 작업에 영감을 얻고 멋의 고급화를 위해 현대미술을 디자인에 차용하고 랩퍼 C와 마찬가지로 미술 아티스트와의 콜라보를 즐긴다. 멋의 급을 높이기 위한 전략이다. 이글은 멋에 대한 철학적 유희로써의 글이고 누군가에 대한 폄하의 의도는 없다.

사회적 지위의 압력

사람이 사회적 지위가 높아지면 위압감이 생긴다.

사회적 지위는 상대적이라서 상대가 높은 위치를 점할 때는 대화할 때 왠지 공손해지고 눈치를 보게 된다.

그 자연스러운 존재의 압력에 의해 그리 된다.

혼자일 때는 당당해도 본인보다 높은 위치의 사람을 만나면 주눅 들고 당황하거나 어쩔 줄을 모를 수 있다.

그래서 쉽게 상대의 말에 동조하게 되고 그자가 보여준 조그마한 호의에도 큰 감흥을 느낄 수 있다. 자기를 품으려는 제스처만 보여도 왠지 모를 충성심(?) 같은 게 생길지도 모른다. 반면 시간이 지나 사회적 지위가 역전 현상이 발생하면 이제 상대편이 은근히 눈치를 보게 된다.

상대가 나이가 어려도 지위가 높으면 만나기전에는 깔보다가도 막상 메신저로 일대일로 대화를 하거나 개인적으로 만나게 되면 그 위압감으로 인해 괜히 형 같은 느낌이 들고 주눅 들기 쉽다.

사회적 지위가 높은 자에게 주눅 들거나 휘둘리지 않기 위해서는 본인만의 뚜렷한 주체성과 방향성을 가져야한다.

자기만의 확고한 방향성을 가진 사람은 대면 시 상대가 지위가 높음에 따른 어쩔 수 없는 위축은 버텨야 한다하더라도 당당하게 휘둘리지 않고 소신껏 행동하게 되는 것이다. 주체성은 소중하다.

인스타그램이라는
수단

나에겐 거의 4년간 정성을 들인 인스타그램 계정이란 수단이 있다.

이 수단으로 더 나은 상황을 꾀하려고 준비하는데 이 수단이 갑자기 차질이 생겼다. 복잡한 이유로 구독자가 5만 4천명쯤 되는 계정이 갑자기 닫히게 되었다.

하루는 솔직히 살짝 당황했고 슬픈 감정도 느꼈지만 그 이면을 보려고 했다. 어차피 그것은 수단이었고 수단은 또 다시 이루면 된다. 수단일 뿐인데 그동안 정성들인 시간 때문인지 아쉬웠고 그것을 복구하기 위해 노력은 했었다. 지금이 순간에 필요한 수단인 것은 맞으니까. 여하튼 수단을 되찾으려는 노력을 했지만 결과적으로 새로운 수단을 만들어야 했다. 그런데 나에게는 그 수단을 이루는 과정에서 생긴 실력이 있다. 그리고 그 수단을 아는 사람들에게 나름의 평판이 쌓인 터라 많은 사람들이 수단을 다시 키우는데 있어 고맙게도 재 구독을 해주며 도움을 주었다. 시간이 지나면 더 알게 될 것 같다. 현재의 상황의 이면의 의미에 대해. 훗날 다른 감정으로 지금을 반추하게 될 것 같다.

P.s 세계적인 작가 김수자 선생님, 미니멀리즘의 선구자 Donald Judd와 비슷한 시기부터 꾸준히 활동해오고 있는 거장 Sven Lukin, 영국의 터너상 후보에 지명된바 있는 Ian Davenport, 국제적인 입지를 가진 Mark Manders, 떠오르는 스타작가 Landon Metz 와 Michael Sailstorfer 역대 관념미학 어워드 수상작가 Gisela Colon, Michael Johansson, Valerie Hegarty, Michael Zelehoski, Nick Van Woert, Elena Damiani, Jan Vormann, ClemensBehr, Robbie Rowlands, Nika Neelova, Carlie Trosclair, SebastianWickeroth, Louisa Marajo, 하태임, 배수영, 백홍 작가를 비롯 많은 국내외 친구 작가들이 2020년 4월 14일 현재 고맙게도 새로 키우게 된 저

의 인스타그램 @gnmh_award_chief 계정을 구독해주고 있습니다. 현대미술을 좋아하는 분께 팔로우를 권해드립니다.

타인과 경계

　A는 카메라를 손에 들었다 . 그가 카메라를 손에 쥔 행위
에는 다양한 이유가 있다. 단지 눈앞에 카메라가 있었기 때
문에 질감을 느껴보고 싶었기 때문이기도 하고 또 만져본 김
에 셀카도 한번 찍고 싶었기 때문에 그리고 카메라에 저장된
사진들도 추억삼아 보고 싶었기 때문이었다.

　우연히 곁을 지나가던 B는 A의 "카메라를 손에 쥔 행위"
를 보고 "또 셀카 찍으려고 그러니"라고 말한다. A는 B의 말
을 듣는 순간 본인의 행위에 대한 해명을 해야 할 필요성을
느낌과 동시에 서운함을 느낀다.A는 분명 셀카를 찍으려고
생각했던 것은 맞다. 하지만 B는 A의 카메라를 손에 쥔 행위
이면의 다양한 이유들을 그저 "셀카를 찍고 싶었기 때문"이

라고 뭉뚱그려 환원시켜버렸기 때문에 A는 B의 주관적 시선이 본인의 자유로운 행위에 대한 일종의 경계를 쳐놓았음을 의식한다. 즉 위의 상황에서의 경계란 "A가 카메라를 손에 쥔 것은 주로 셀카를 찍기 위함이다"라며 A가 카메라를 손에 든 이유의 범위를 한정지은 것이다.

A는 B의 주관적 시선으로 인해 발생한 경계선을 굳이 의식하지 않고 언제나 자유로이 행동하고 선택할 수 있다. 하지만 경계에 얽매이지는 않을 수 있으나 늘 경계가 인지될 수 있기에 A는 본인의 자유로운 행위와 선택에 있어 때로는 B라는 관찰자가 세운 경계를 의식한 신중한 고려와 선택을 보이게 되는 경우도 존재할 수 있다. 만약 A가 앞에서 언급한 타인이 만든 경계에 대해 본인의 자유로운 선택과 행위에 있어 지나친 간섭을 느끼게 된다면 A는 당당히 관찰자가 세운 경계의 편협함과 부당함을 지적함으로써 상황의 개선을 추구할 수 있을 것이다.

어떤 뉴스가 공론화 되는가

　매일 아침 일어나 인터넷에 접속하면 수많은 뉴스를 접하기 마련이다. 뉴스 중에서는 처음 보는 새로운 이슈도 있고 흔히 봄직한 내용의 기사도 있다. 이 수많은 뉴스 중에서 A라는 뉴스는 등장하자마자 화제가 되며 공론화되는 반면 그외의 많은 뉴스는 평소 해당 분야에 관심이 많았던 몇몇 사람들에 의해 회자되며 찻잔속의 태풍이 될 뿐 쉽게 공론화되지는 않는 듯 보인다.

　여기서 "공론화"란 뉴스가 일부 시민단체나 관련 종사자를 넘어 폭넓게 회자됨으로써 정치권이 여론을 의식하여 그 이슈와 관련한 정책과 법안을 발의하게 되는 계기가 되는 경우를 "공론화"된 사례로 봐도 무방할 것이다(이 글에서는 특정인의 사생활과 같은 지극히 사적인 가십거리는 논외로 하고 주로 공적인 이슈에 국한시킵니다).

법안 발의로 이어질 수 있는 영향력을 내포한 공론화되는 뉴스는 손에 꼽을 수 있을 정도로 생각보다 그리 많지는 않다. 주요 일간지가 의도적으로 특정 뉴스를 일면에 배치하며 어젠다셋팅을 하려는 경우라도 항상 그들의 의도대로 뉴스가 공론화되며 여론이 전개되는 것은 아니다. 어떤 뉴스가 공론화되는 데에는 그 뉴스가 다루고 있는 사안이 시급한 개선이 필요할수록 공론화될 가능성이 높아지는 것일까?

사실 개선의 당위성을 내포한 이슈를 다루는 뉴스란 도처에 널려있다. 매일 인터넷과 SNS상에 범람하는 수많은 뉴스들을 읽다보면 이 사회엔 왜 이리 개선해야 할 것들이 많은지 한탄하게 될 수도 있을 정도다. 하지만 특정 뉴스가 다루는 이슈가 개선의 당위성을 내포한다 하더라도 그것이 반드시 폭넓은 공론화로 이어짐을 보장하지는 않는 듯 보인다. 그렇다면 왜 A라는 뉴스는 무수히 많은 뉴스들 가운데 홀로 추진력을 얻으며 폭 넓게 공론화되는 것이며 다른 뉴스는 사안의 심각성에도 불구하고 조용히 묻히게 되는 경우가 있는 것일까?(사실 사회의 공적인 이슈를 주로 다루는 기자 입장에서 심각하지 않아 보이는 무난한 주제를 가지고 한가롭게 기사를 쓰려

하는 경우가 과연 얼마나 될까. 물론 보도자료를 받아서 쓰거나 트래픽 유도를 위한 낚시질 기사의 경우를 제외하고 기자로써 본인이 시간과 노력을 할애해서 작성한 기사에 대해 대다수는 스스로가 정말 중요하고도 관심이 환기될만한 이슈라는 문제의식이 있기에 발품을 팔아가며 포착한 사안에 대해 기사화하는 것 아닐까)

공론화되는 뉴스의 조건이란 과연 무엇일까.

"때"가 되어 보다 많은 사람들이 특정 뉴스에 강한 "감흥"을 느끼게 되는 경우(누군가를 만나게 되거나 혹은 SNS상에서) 그 이슈에 대해 자신의 견해를 표현하고자하는 욕망은(감흥의 수준에 비례하여) 강하게 느끼게 될 가능성이 높을 것이다. 반면 아무리 사회적으로 개선의 당위성을 강하게 내포한 뉴스라 하더라도 그 이슈에 대해 소수의 사람들만이 "감흥"을 느낀다면 그 이슈는 공론화되기 위해선 좀 더 기다림의 시간이 필요한 것인지도 모른다. 하지만 감흥을 느낀 일부 사람들이 그 이슈에 대해 꾸준히 알리려는 노력을 하다보면 서서히 많은 사람들이 그 이슈에 대해 보다 진지한 관심을 할애하게 될 수 있음으로써 진지한 관심은 곧 그 이슈에 대한 좀 더 높은 수준의 "감흥"을 낳게 될 것이고 그러다보면 그 이슈는 공론화에 서서히 다가서며 그 "때"를 위한 시간이 좀 더 단축될 수 있을 것이라 생각한다.

"좋은데"와
"좋으니까 사야지"

　어떤 상품을 두고 소비자가 "좋은데" 하는 반응과 "좋으니 사야지"하는 반응 사이의 거리는 그리 간단치 않다. 어떤 재화가 많은 소비자로 하여금 "좋은데"라는 만족스런 평가를 받기위해서는 그 상품을 만드는 기업의 적지 않은 노력이 뒷받침되어야 가능하다. 제품 개발을 위한 투자와 연구, 광고, 노동자의 노력, 소비자의 니즈를 파악하려 열심히 시장조사를 해야 할 것이다. 하지만 "좋은데"까지의 평가가 반드시 "좋으니까 사야지" 하는 구매 반응까지 이어짐을 보장하지는 않는다.

　여기에는 좋지만 딱히 현재 필요하지는 않아 구매를 망설이는 경우도 있고 좋아도 금전적 여유가 부족하여 구매를 하지 않는 경우도 있을 수 있다. 즉 '좋은데'로만 그치는 경우의 수는 무궁무진하다. 어떤 제품에 대해 소비자가 좋다고 인지하게 되는 것을 넘어 소비자 개개인이 "우호적인 감응"을 느끼고 "좋으니 사야지"까지 나아가는 데에는 "운"과 "때"가 많은 작용을 하는 것 같다. 먼저 그 상품이 나왔을 때 '우호적인 감응'을 느끼고 동시에 그것을 살 시간과 돈과 같은 소비자 개개인마다 구매를 위한 필요조건들도 준비되어 있어야 하는 것이다. 만약 기업의 노력으로 제품만 좋고 소비자가 느꼈을 때 소비하고 싶은 '우호적인 감응'이 약하거나 그것을 구입할 시간과 돈, 장소의 접근성과 같은 조건들이 준비된 사람들이 많이 등장하지 않으면 좋은 제품도 창고에 재고가 쌓일 수 있다.

비정규직에 대한 단상

임금 수입에 기대지 않고도 윤택한 삶을 살아갈 수 있는 계층은 소수요 영세사업자, 프리랜서, 작가, 예술인과 같은 분들을 제외한 사회구성원 다수는 임금 수입에 의존해야 만이 생계를 꾸려나갈 수 있는 근로자라 볼 수 있다. 만약 전체 일자리에서 비정규직의 비중이 늘어나게 된다면 전체 근로자의 총 임금수준도 덩달아 하락하게 되는 안타까움을 피하기 어렵다.

월 150만 원도 넘기 어려운 임금에다 별다른 수당에 복리후생도 제공되지 않는 경우가 흔한 비정규직이 늘어날수록 구직자입장에서는 지원할 수 있는 일자리는 한정되어있으니 상당수의 구직자가 생계를 위해 어쩔 수 없이 비정규직에 지원할 수밖에 없는 상황에 내몰리게 된다. 이런 상황을 두고 실업률이 감소하였고 완전고용에 가까이 다가가고 있다고 좋아할 수 있는 자는 정부 당국자와 신자유주의 패러다임을 옹호하는 경제학자 외에 또 누가 있을까?

실업률이 감소하고 완전고용에 다가서게 되더라도 고용의 대부분이 월 150만 원도 채 안 되는 비정규직이라면 여기에는 큰 의미가 있다고는 볼 수 없다. 전체 일자리에서 비정규직의 비중이 늘어나는 만큼 전체 근로자(소비자이기도하다)의 총 임금수준은 하락하기 마련이고 이는 곧 국내소비자의 지갑이 점점 더 얇아지게 됨을 의미하여 금융의 힘을 빌리지 않는 한 소비자의 소비여력은 당장에 크게 늘어날 수 있는 여지에는 많은 어려움이 있어 보인다.

이는 중장기적으로 내수경기에도 적지 않은 영향을 줄 수 있게 됨으로써 대기업의 매출에도 고스란히 부메랑이 되어 되돌아올 가능성이 높다. 대기업은 비정규직 제도로 인해 원래는 직원들에게 분배되어야 마땅한 이윤을 고스란히 내부유보금으로 쌓아가며 인건비 절감에 마냥 즐거워할 것이 아니라 노동자의 임금이 줄어든 탓에 소비자(노동자는 곧 소비자)의 지갑이 얇아져 자사의 매출에도 분명한 위협이 되어 다가올 수 있다는 사실에 경각심을 느낄 필요가 있지 않을까. 소비자가 가난해지면 기업이 창출하는 재화와 서비스를 누가 소비한단 말인가?

비정규직제도는 노동시장의 유연화(이것은 누구를 위한 유연화일까 비정규직이 늘어나 노동시장이 좀 더 유연화 되면 이는 누구에게 이로움이 있게 되는 것인가 되묻지 않을 수 없다)란 이름하에 다수의 노동자(소비자)를 궁핍케 하고 부족한 생활비를 충당하기 위해 금융 부채에 허덕이게 서서히 내몰게 되며 정작이 제도로 인건비를 아끼는 대기업은 경제의 저성장국면에서 뚜렷한 투자처를 찾기가 어려워 절약한 인건비를 고스란히 내부유보금으로 쌓아둔 채 투자와 고용에는 소극적이다. 따라서 비정규직제도는 현재까지의 흐름으로 보았을 때 경제성장에 기여하는 바 보다는 대기업과 투자자본의 인건비 절감으로 인한 이윤율만을 높이며 다수의 근로자와 소비자를 궁핍으로 내모는 경향이 강하다고 볼 수 있다. 만약 인공지능과 같은 첨단 기술의 발전으로 야기될 급격한 산업변화에 대비하기 위해 노동시장 유연성이 필요하다는 이유라면 현재 돈이 쌓이고 있는 곳으로부터 세금을 걷어 시민들에게 현금을 직접 지원하여 얄팍해진 지갑을 보충해주는 기본소득제도 도입을 검토해보는 것도 괜찮을 것 같다.

─사내유보금에 대하여─

　대기업의 사내유보금은 회계 상 개념일 뿐, 기업이 '쌓아둔 현금'만을 의미하는 것은 아니다 라고 이야기하는 경우가 있다.

　대기업은 비정규직 양산의 허용으로 비정규직이 늘어나는 만큼 원래는 노동자에게 할당되어야 마땅한 이윤을 고스란히 챙기며 인건비를 절감하고 있고 거기다 법인세감면혜택을 통해 세금까지 아끼니 당연히 비용이 감소하는 만큼 기업의 이윤은 늘어나게 되는데 기업은 이윤의 일부를 현금으로 묵혀둘 수도 있고 각종 부동산에 투자란 이름하에 이윤을 축적할 수도 있는 것인데 이러한 사실을 외면한 채 그저 사내유보금이 오직 현금으로만 쌓아두는 것이 아니기 때문에 대기업이 돈을 쌓아만 둔 채 고용과 투자는 눈치만 보고 있다는 비난에 대해 적극적으로 방어에 나서는 것은 그 모습이 조금 초라해 보인다.

자유권 신장을
우선적으로 부르짖으려면

정부가 민간보다 압도적 힘의 우위를 점할 때에는 개인의 자유권 신장을 부르짖는 것은 진보적이고 타당한 면이 있다고 볼 수 있으나 시장에서의 강자의 권력이 사실상 정부보다 우위를 점하는 상황에서 개인의 자유권신장을 부르짖는 것은 자칫 시장에서의 강자의 횡포에 대한 견제를 방관하는 결과를 초래하기도 한다. 개인의 자유권신장을 부르짖는 것도 정부와 시장 중 현재 어떠한 주체에 더 힘이 실려있는지 냉정히 판단하여 현명하게 주장할 필요가 있지 않을까. 시장에서 강자의 약육강식적 폭압이 횡행하는 상황에서 늘 자유권 신장만을 우선적으로 부르짖는 것은 맹목이자 다수의 시민에 대한 크나큰 민폐일 수 있다.

진보 vs 보수

1. 진보에 대해 간략히 바라본다

진보는 약자에 대한 배려와 감수성이 풍부하여 사회내부의 그늘과 약자의 처우에 상당한 관심을 할애하는 편이며 보편적 복지에 대한 열의와 국가의 역할과 그 성과에 큰 기대를 거는 편이다. 진보는 약자에 대한 배려와 동시에 감수성이 풍부함에 따라 환경보존에 있어서도 남다른 경각심을 보이는 측면이 있으며 사회 내 타자로 간주되기 쉬운 성소수자와 같은 집단의 권익에 대해서도 옹호 및 관대한 시선을 가지는 경향이 있다.

반면 진보는 평소 강자의 횡포에 대한 분노와 그 견제의 필요성에 대한 암묵적 동의를 하는 바 경쟁시스템에 있어서도 그 효용보다는 폐해에 우선적으로 주목하려는 태도를 보이기 쉽고 이를 시정하기 위해 국가가 시장에의 적절한 간섭과 개입에 적극적으로 나서주기를 당당히 주장하는 경향이 있는데 이러한 경향이 지나치게 치우치게 되면 경쟁시스템의 소홀함으로 인한 생산성과 혁신의 저하의 위험 및 정부의 규모증대로 관료화의 경직성과 규제의 비효율성을 초래할 우려가 있으며 더 나아가 과거 해외의 극좌의 사례처럼 치달을 경우 소수의 정치인들이 권력을 독점하며 이념을 명분삼아 정치적 반대세력에 대한 급진적인 폭력적 접근을 보일 수도 있는 아이러니가 있다.

온건한 진보는 복지와 환경, 사회적 약자의 권익증진에 대한 관심이 크기에 진보가 존재감을 과시하고 목소리를 높여야 보수정권이 국정을 운영하는 경우에 있어서도 그 목소리가 정책에 반영되어 보다 균형 잡힌 안정감 있는 체제가 유지되는데 기여함이 있다.

2. 보수를 간략히 바라본다

보수는 힘의 논리를 추구하며 사회질서안정을 중시함에 따라 진보보다 상대적으로 위계가 잘 확립되어있고 그에 따라 자칫 권위주의적 분위기가 팽배하기 쉬우며 국제사회에서의 자국의 위상과 세계정세에 대한 관심이 진보보다 상대적으로 강한 경향이 있기에 사회내의 단결과 단합을 호소하며 국력을 우선적으로 신장시키는 것을 중요시 하는 탓에 이러한 현상이 지나치게 되면 개개인의 다양성이 억압되기 쉽고 획일적인 분위기가 사회전반에 퍼지게 될 우려가 있다.

보수는 역사적으로 자유권 신장을 중시해옴으로써 작은 정부를 선호하고 시장의 효율성과 경쟁시스템을 적극 옹호하며 정부의 간섭과 규제는 가급적이면 최소화해야한다는데 암묵적으로 동의하는 경향이 있으나 막상 보수정권이 집권하면 힘의 논리를 추구하는 특성상 안보에 많은 돈을 지출하기 쉽고 권위주의적 특성으로 민간에 간섭을 하게 됨에 따라 작은 정부는 어디까지나 이상향으로만 남게 되는 모습을 보이기도 한다.

보수는 평소 복지에 돈을 쓰는 것을 아까워하는 경향이 있는데 만약 보수정권이 개인의 자유권신장에 대한 지나친 강조로 시장에서의 강자의 횡포를 방관하게 됨으로써 다수의 시민들의 삶이 점점 궁핍으로 향하게 될 때(사회질서의 불안정성이 점점 높아짐에 따라) 체제 안정성이 위험에 직면할 수 있으며 이때 특유의 권위주의적 태도로 각종 사회적 불만의 목소리를 억압하려 들다간 정권에 큰 위협이 될 불씨를 키우게 되는 악수를 두는 것이 되기도 한다. 이러한 상황에서는 시장에서의 적절한 간섭을 통해 강자의 불공정한 행위를 규제하고 비스마르크의 사회보험이나 처칠의 베버리지 플랜처럼 보수 정권도 복지에 과감한 결단을 보여줌으로써 약자의 어려움을 돕고 사회적 불만을 해소하며 체제안정성을 높이려는 노력을 하는 것이 현명한 태도라 볼 수 있을 것이다.

도덕의 제국에 대한
공부

　권력이 사회 시스템 상 너무 한쪽으로 집중되면 권력을 가지는 자에 대한 견제가 안 되어 권력자의 독단으로 치우치기 쉽다.

　그래서 민심의 반영이 더디고 무시당하기 쉬우며 시민 개개인의 인권과 권리가 권력자의 정치적 이해관계에 따라 너무도 가볍게 여겨질 수 있다. 권력이 견제가 안 되어 극단적으로 집중된 상황에서는 권력에 반대하는 자를 명분을 만들어 쉽게 감옥에 가두고 수용소에 보내버린다. 정권에 반대하는 목소리를 내는 시민은 소리 소문 없이 실종되는 경우가 많다.

　반면 권력이 분산이 되면 조금만 방심하다간 쉽게 견제당하고 권력이 교체될 수 있기에 권력을 가진 자는 늘 긴장을 하고 민심을 살핀다. 따라서 시민사회의 영향력이 커지고 국정에 민심의 반영이 원활하며 자연스레 시민 개개인의 인권과 권리가 권력자의 호의와 이해관계에 상관없이 원활히 보장받게 된다. 시민의 입장에서는 당연히 제왕적 권력자의 존재를 인정하는 사회체제 보다는 권력 분산된 형태가 훨씬 더 많은 혜택과 권리를 누리며 목소리를 높일 수 있게 되는 것이다. 시민 개개인이 주체성을 가지고 똑똑해져가는 곳은 시민들에 의해 사회 내 문화, 도덕, 규범들이 결정되고 제왕적 권력을 누리는 자리를 허락하지 않으며 시민사회의 여론에 의해 중요한 정책들이 결정되는 따라서 시민의 수준이 곧 사회의 수준으로 자연스럽게 귀결되는 것이 아닐까(도덕의 제국은 현일 박재봉님이 제시한 우리 사회가 나아가야 할 바람직한 이상향에 대한 것으로 이글은 제가 공부하면서 쓴 글 입니다).

식당 A와 B

"식사시간은 누구에게도 방해받지 말아야 할 당위가 있다"
는 성문적 지침이 대문에 큼지막하게 적혀있는 식당 A와 B
가 있다. 지나가는 외부인들이 이 식당들을 보면 "식사하는
사람을 진정으로 배려하는 게 느껴진다"며 흐뭇하게 바라보
곤 한다. A라는 식당은 대문에 써져있는 대로 손님이 식사를
시작하여 자리에서 일어날 때까지 직원들은 식사에 방해가
되지 않도록 조용히 기다린다. 하지만 B라는 식당은 테이블
당 평균 식사시간을 짧게 정해놓고 그 시간이 지나기 전까지
는 조용히 손님의 식사를 기다리지만 평균식사 시간을 초과
하면 그때부터 손님 주위를 맴돌며 물걸레질을 하거나 수다
를 떨며 은근히 눈치를 준다. A와 B식당은 둘다 손님의 식사

에 직접적인 방해를 하지 않았으므로 모두 대문에 적혀있는 성문적 지침대로 성실히 가게를 운영하고 있다고 볼 수 있다. 하지만 손님 입장에서는 같은 지침 하에 운영되는 식당 치고는 A와 B가 그 내부분위기가 서로 많이 다르다는 것을 쉽게 느낄 수 있다.

손님 입장에서 보면 식당 A는 지침 그 자체가 식당이 추구하고자하는 방향성을 충분히 확보하는 반면 식당 B는 지침이 그 자체가 목적이 아닌 다른 무언가를 추구하기 위한 수단이 아닌가하는 의구심을 은연중에 느끼게 되는 것이다. 특정 기관에서 명시적으로 내세우는 당위성과 실제 현장에서 느껴지는 체감 사이의 간극이 크면 클수록 그 당위성은 그 자체가 진정성이 담긴 것이 아닌 음흉한 의도를 가리기위한 가리개역할을 하기 위함은 아닌지 의혹의 시선을 거두기가 어렵게 되는지도 모른다.

먹고사니즘에 대한 단상

1. "세대갈등담론"은 계급문제를 은폐하기 위한 하나의 대체적 프레임으로도 바라볼 여지가 있다. 어느 세대건 부유함과 특권을 누리는 소수와 그렇지 못한 다수로 구분이 되는 경향이 있으니 말이다. 부유함과 특권을 누리는 소수 집단의 계급성을 은폐하기 위해 이들의 모습을 마치 특정 세대 전체의 일반적인 모습인양 선전하여 이를 바탕으로 '부의 계층 간의 갈등'이란 프레임을 '세대 간의 갈등'이란 프레임으로 교묘히 대체하려는 모습이 보이는 듯하다. 청년 중에도 경제적으로 가난하거나 평범한 다수의 경우와 소수의 금수저가 있듯이 중년, 노년 중에도 소수의 부유한 사람이 있고 그렇지 않은 다수의 사람이 존재한다.

2. 노동시장이 유연해짐에 따라 완전고용에 가까워지게 된다고 치자. 이때 고용의 다수가 비정규직이라면 그 완전고용이란 것은 대체 누구를 위함인지 되묻지 않을 수 없다. 이것은 마치 어느 대학이 '졸업생 취업률 100%'를 선전하며 신입생을 모집하고 있는데 알고 봤더니 그 취업률 100%에는 대부분 아르바이트 채용도 포함시킨 경우였다면 그 취업률 100%는 너무나 공허하지 않은가?

3. 부유층과 대기업에 각종 세제혜택과 비정규직양산허용으로 인건비를 절약하게 도와줬더니(이 과정에서 이미 어마어마한 이윤이 창출됨) 그들은 정작 눈치만보고 투자와 고용은 소홀히 하며 적반하장 식으로 정부의 간섭과 규제가 많다고 투덜대면 그것참 안타까운 모습이라 볼 수 있겠다

4. 복지가 확대됨에 따라 재원마련을 위해 세금이 늘어나고 정부의 간섭과 영향력이 커지는 현상을 두고 누군가는 개인의 자유가 위협받는 신호로 간주하며 이를 혐오할 수도 있을 것이다. 이러한 사람 중 일부는 시장의 효율성과 질서를 숭배하면서 정부는 무능하다여기며 정부의 시장개입에 대해 불신하는 경향이 있는 것 같다. 만약 시장의 효율성과 질서

를 숭배하며 정부를 무능하게 여기는 사람이 국정을 운영하게 된다면 너무나 자유로운 경쟁의 허용으로 인해 시장에서의 강자의 약육강식적 폭압이 묵인될 가능성이 높으며 이러한 경쟁에서 밀려 궁핍함으로 내몰리는 다수의 사람들은 "선택적 복지"에 따라 철저하게 가난과 궁핍을 증명해야 만이 겨우 최소한의 혜택을 제공받으며 근근이 생존을 이어나갈 수 있게 된다(선택적 복지의 수혜자가 되는 과정도 하나의 "진입장벽"이 될 수 있으며 이 과정에서 필연적으로 복잡한 상황으로 인해 가난하지만 수혜조건에는 충족되지 않는 경우가 다수 존재가능하다 이러한 경우는 복지혜택을 누릴 수 없어 사각지대에서 사실상 기약 없는 기부나 구호단체의 손길을 기다리며 궁핍에 시달려야하는 상황이 발생할 수 있다).

5. 비정규직양산을 허용하는 대신 복지는 선택적으로 최소한에 그친다면 비정규직에 종사함으로써 저임금과 동시에 선택적 복지의 수혜조건에는 충족하지 못하는 다수의 사람은 본인의 열악한 처지를 두고 누구에게 섭섭함을 표현할 수 있을까? 비정규직 양산으로 인해 인건비를 절약하는 혜택을 누리는 부유층과 국가를 향해 서운함을 느끼는 것은 자연스럽지 않을까. 하지만 자신들이 비정규직종사자들의 분노의

목표가 되는 것을 용인할 수 없는 세력들은 비난의 화살을 같은 노동자인 정규직에 향하게끔 유도하기 위해 정규직 노동자들에게 "귀족"이라는 수식어를 갖다 붙인다. 정규직 노동자가 귀족으로 보이는 아이러니한 상황 뒤에 숨어 정작 비정규직제도로 엄청난 인건비절감을 통한 이윤을 축적하며 진정한 혜택을 누리고 있는 기업가, 대주주들은 왕족으로 봐야 할까?

그것은 폭력이에욧

스머프 A는 예민하다.

그래서 아침 공복에 양치를 하지 않아 입 냄새를 풍기는 동료를 향해 "피곤한 아침에 구취를 풍기는 것은 폭력이에 요"라며 눈치를 준 뒤 SNS에 해쉬태그를 하며 "#공복 입 냄새는 누군가의 아침에 대한폭력"이라며 강하게 규탄한다.

어느 날, A가 굽이 있는 신발을 신자 키에 예민한 그의 동료 중 한명이 자신과 키를 재보자고 제안한다. 그러자 A는 "누군가의 키를 측정하고 판단하려는 것은 스트레스를 안겨 주는 또 다른 가학행위에요"라며 눈치를 준 뒤 또다시 "#누군가의 키를 가늠하려는 것은 감수성이 부재된 또 하나의 폭력"이라며 분노한다. A의 분노 헤시태그 리스트가 그의 주장에 수긍하는 일부 사람들에 의해 호응을 얻으며 그 리스트가 잔뜩 쌓여가는데 이웃마을에 사는 스머프 B가 A가 사는 동네에 놀러오자 그는 평소처럼 공복에 양치를 약하게 해서인지 살짝 구취를 풍기며 키가 몇인지 자연스레 물어보게 되었더니 1시간도 안 되어 파렴치한 인격파탄 폭력범이 되어 있었다.

B는 생각한다. "솔직히 나도 A가 만든 리스트에 수긍이 가는 부분이 있지만 뭐든 문제를 삼기만 하면 문제가 되지 않은 것이 우리 삶에 과연 얼마나 될까? 더 예민해져 가다간 SNS 좋아요도 동의 없이 눌렀다고 일방적 폭력이라고 규탄하면 서로 눈치 보며 좋아요도 못 누르게 되는 거 아닐까?" 일상의 어떤 미시적 행위를 폭력이라고 규정하는 것은 다수의 동의와 수긍을 얻으면 그것이 서서히 예절과 문화로 자리 잡게 되지만 폭력이라 규정하는 사람의 그 행위 이면에 자리 잡은 세계관이 폭력적이고 배타적인 것으로 가득하다면 그러한 사람의 폭력 규정 릴레이는 더 강한 폭력이 아닐까?

유명한 그림

　유명한 그림 A가 있다.

　오랜 역사와 몇 번의 도난에서 비롯된 구구절절한 스토리로 사람들의 입에 오르내리며 A는 알려지게 되었고 현재 미디어와 여러 상품을 통해 그 이미지가 널리 범람해있다. A는 지역의 한 미술관에 전시되어 있는데 A를 보기위해 세계 곳곳에서 많은 관람객들이 방문한다. A는 자존감이 높고 우쭐한다. 사람들이 늘 자기를 보러 입장료를 지불하고 시간을 할애하며 먼 길을 찾아오니 얼마나 자부심을 느끼겠는가. 다만 전시공간의 한계로 전시장에 수용 가능한 인원은 한정된 반면 찾아오는 사람은 늘 많으니 자기와 대면하는 사람들의 표정은 의외로 그리 밝지 않다. 기다림에 지치고 사람에 치여 짜증섞인 표정이 다수요 몇 번의 도난으로 A의 외관을 3겹으로 둘러싼 도난방지 케이스로 인해서인지 예상과는 뭔가 다르다는 듯 심드렁한 표정의 사람도 있고 일부는 본인의 기대와 찾아온 수고에 대한 보상을 찾으려는 듯 "뭔가 다른 것이 있을 거야"라며 A를 눈으로 샅샅이 스캔하는 사람들도 있다.

물론 이따금씩 A를 보며 감격하는 사람도 있긴 하지만 A는 자신을 보러온 사람들의 표정이 대부분 그리 밝지 않은 것에 점점 서운함을 느낀다. 멀리서 일부러 찾아왔다면서 왜 그리들 의구심과 짜증에 가득한 표정으로 쳐다보는지 내심 섭섭한 것이다. 어느 날, 따가운 시선에 지친 A는 전시장을 지키는 경비원에게 관람객들을 위한 기존의 편의시설을 축소시키고 입장료를 더 올릴 것을 요구한다.

그래도 여전히 본인의 명성과 미디어의 포장에 의해 찾아오는 사람이 줄지 않자 A는 입장료를 5배로 올릴 것을 미술관측에 요구한다. A는 유명하고 또 미술관에서의 입김도 그만큼 센지라 그의 요구는 곧 수용되었다. 비싼 입장료와 미술관의 불친절로 자신을 보러오겠다는 사람들은 서서히 다른 미술관으로 발걸음을 옮기게 되었고 A는 짜증에 시달리지 않아 흡족해졌다. 시간이지나자 전시장은 눈에 띄게 한산

해지게 되고 A는 자신을 둘러싼 보호 장비의 존재를 새삼스럽게 인지하기 시작했다. "나를 보러오는 사람은 하루에 10명도 채 안 되는데 3중 보호 장치로 포장된 모습이란" 갑자기 부끄러움에 사로잡혔다.

미술관 운영에도 차질이 생기기 시작했고 운영비 예산 감소로 인원감축대상에 포함된 경비는 A를 원망하기 시작했다. A는 잠시 과거에 인파와 짜증에 시달리던 시절을 떠올리며 몸서리쳤으나 경비의 원망과 미술관 직원들의 애원으로 결국 입장을 바꿔 예전 수준으로 입장료는 인하되고 편의시설도 마련되었다.

미술관의 변화에 다시금 사람들은 하나둘 모여들게 되었고 A는 짜증스런 시선들과 대면하는 순간이 예전처럼 잦게 되었지만 이제는 그리 서운하지 않다. A의 실물을 실제로 대면해서 보지 않고 미디어나 상품을 통해서만 A의 이미지를 즐기는 사람들은 A가 느끼는 내적인 고독과 당혹감에 대해서는 대개 알지 못한다. 알아도 관심을 가지는 경우는 드물다. 어쨌든 A는 현재 짜증스럽지만 그럭저럭 만족감에 젖은 채 익명의 감상자들과 오늘도 마주하고 있다.

그의 행위를
이렇게 바라본다

    A의 특정한 행동에는 그 이면의 무수히 많은 동기와 이유가 존재할 수 있다.

    B는 A의 행동을 두고 그 이면의 이유 중 가장 저속해 보이는 것을 운운하며 A의 행동을 설명하려는 반면 C는 A의 행동 이면의 동기 중 가급적 선량해 보이는 것을 운운하며 A의 행동을 설명하려한다. A에 대해 잘 모르는 낯선 D가 봤을 땐 B의 설명과 C의 설명 모두 그럴듯하게 들릴 테다. A의 입장에서 봤을 때 본인이 떳떳한 방향성을 추구하고 있는 경우라면 주변에 B와 같은 사람들이 더 많아 보일 때는 좀 더 의연하면서도 신중함이 요구되고 C와 같은 사람들이 더 많아 보일 때는 들뜨기보다는 차분함이 요구된다.

II

관념미학(GNMH)

담론보다는
작품의 구성에 대한 탐구

작품은 왜 텍스트인가

　작품은 작가의 관을 바탕으로 예술적 감성과 기교, 조형감
각이 어우러져 구현된 텍스트이다.

　작가의 관(觀)이 상식으로부터 진일보하거나 독창성의 수
준이 높아질수록 작품의 관념미(GNM)는 더욱 고양되고 기
교와 조형감각의 수준이 높아질수록 작품의 조형미의 수준
은 비례하여 높아질 수 있다.

　화가 A와 B가 있다.

　A는 리얼리즘적 관점을 가지고 있고, B는 표현주의적 관
점을 추구한다.

A와 B가 빨간 사과를 그린다고 가정해본다면, A의 캔버스에는 사과가 빨갛게 칠해져있는 반면, B의 캔버스에는 사과가 보라색일수도 혹은 주황색일수도 있을 것이다. A는 그리고자하는 대상이 빨간색이면 보이는 대로 빨갛게 칠해야 한다고 생각하는 반면 B는 본인이 느낀 대로 표현하고 싶은 대로 색을 칠해야한다고 생각하기에 그러하다. 작품은 작가의 관(색채에 대한 조형 관념 포함)을 구현한 텍스트이기에.

관념미와 표현미

　관념미(영어로는 GNM로 표기)와 표현미가 있다. 관념미는
작품 이면의 작가의 "관(觀)"이 혁신적(상식으로부터 진일보)이
거나 뚜렷한 독창성을 갖추었을 때, 자연스레 작품에 배어나
오게 되는 지적인 특성의 아름다움으로 작가의 관이 독창성
을 갖출수록(기존의 일반적으로 알려진 지식, 조형 관념으로부터
작가의 관이 더 진일보할수록 즉, 관념의 미개척지를 개척하여 상
식으로부터 더 나아간 경우 이거나 기존의 지식, 관념과 비교하여
뚜렷한 독창성을 확보하게 되는 경우를 의미) 관념미는 더욱 고
양됨으로써 작품의 지적인 깊이를 더 해간다.

　표현미는 작품과 관련된 관념, 지식, 이론에 대한 "앎"의
유무에 구애받지 않고도 자연스레 작품에 대해 누구나 직관

적으로 느낄 수 있는 시각적 아름다움이다. 표현미는 작가의 조형감각과 기교의 수준에 따라 주로 결정되며 관찰자의 감상의 즐거움에 작지 않은 영향을 준다.

작품이 관념미에만 의존하고 표현미가 부족하면 난해함으로 인해 대중적 친밀감을 기대하기 어려울 수 있고 반면 표현미에만 치우쳐 관념미가 부족하면 아름답지만 진부한 작품이 될 우려가 존재할 수 있다. 작품이 관념미가 있으면 미술사적 가치를 반드시 확보하게 된다. 반면 표현미만 존재하면 자칫 장식용으로만 소비된 채 미술사적 족적을 남기기 어려워진다.

회화의 존재 의미

　사진이 등장하기 전 회화의 존재의미에는 주로 신화, 역사적 인물 혹은 장면에 대한 재현, 기록, 실내의 장식을 위한 하청업체적 기능이 상당부분을 차지했었다. 따라서 회화는 재현의 의무에 얽매인 채로 얼마나 우아하고 생동감 있게 재현을 해보이느냐에 따라 해당 작품의 미술사적 가치와 그 격이 결정되게 되는 측면이 있었는데 사진이 등장한 후로는 사진이 훨씬 더 재현의 역할을 잘 실행하게 되니 더 이상 회화는 재현의 의무에 얽매일 이유가 없어졌고 표현에 있어 기교의 수준으로 작품의 격을 따지는 건 구시대적 진부한 접근으로 서서히 간주되게 되었다.

　마네는 뎃생 및 표현의 느슨함과 원근법에 얽매이지 않는 평면적 구성으로 그 당시 아카데미 기준에서는 밑그림 같은 상대적으로 나이브한 접근을 과감하게 드러내게 되었는데 마네이후로 본격적으로 회화는 재현, 기록, 스토리텔링을 위한 수동적 기능을 상당부분 사진에게 위임하고(작가의 관을 구현하는) 예술성의 추구를 위한 능동적 위치로 그 존재의미와 위상이 달라지게 되었다.

마네 이야기 1

    마네가 그 당시 아카데미의 주류였던 신고전파의 우아한 표현과 엄밀한 뎃생과 비교했을 때, 상대적으로 느슨한 표현과 원근법에 얽매이지 않은 평면적 화면을 선보인 것은 회화가 더 이상 실제 대상이나 풍경에 대한 재현의 의무로부터 벗어나기 위한 몸부림의 시작이었는지도 모른다.

    과거 회화는 주로 초상화나 역사적 사실을 기념하고 신화를 재현하기도 하는 등 웅장한 서사를 재현하기 위한 수단적 기능이 회화의 역할에서 차지하는 비중이 컸기에 대가가 되기 위해선 생생한 재현, 기록을 위한 기교의 엄밀함과 생생한 표현력은 작가가 갖추어야 할 필수자질에 포함되었다고 간주해볼 수 있다. 하지만 마네가 느슨한 기교를 드러내며 밑그림 수준이라고 비웃음 당하던 그 당시의 배경에는 사진의 활약이 존재하였음을 간과할 수는 없다.

사진이 회화를 대신해서 기록과 재현의 기능을 보다 월등하게 행하게 되니 굳이 과거처럼 예술가가 재현을 위해 기교의 장인정신과 엄밀함을 필수덕목으로 갖추어 사실적으로 재현을 해야 할 당위성 및 공감대가 서서히 약화되어가고 있던 시기가 마네를 비롯한 그 당시 아방가르드였던 인상파가 태동하는 시기였다고 볼 수 있다. 그에 따라 시간이 지날수록 작가의 기교에서 비롯되는 생생한 재현 및 조형미는 수준 높은 작품이 갖춰야 할 필수 요건이 아닌 하나의 옵션으로써 격하되는 반면 작가의 관(觀)의 독창성의 수준에서 비롯되는 지적인 특성의 아름다움인 관념미는 작품의 가치평가에서 차지하는 중요도가 점점 더 높아지게 되었으며, 세잔 이후로는 본격적으로 관념미라는 룰에 의해 메인스트림의 미술사는 전개되어오고 있다.

현대미술사는 주로 새로움이 담긴 조형들을 칭찬하며 이를 위주로 기록해주는 특성이 있기에 앞으로의 미술의 흐름 또한 관념미라는 룰에 따라 (과거에 시도되지 않은) 유니크한 조형 관념을 내포한 작품은 이뻐하고 비중 있게 기록하는 반면 기교나 장식미만 내세우는 평범한 작품에는 야박하게 굴

가능성이 높다고 본다. 서양미술에서 기교와 장식미를 치켜세우는 건 모더니즘이전 과거 수백 년이 넘는 기간 동안 지긋지긋하게 봐오던 것 아니던가?

세잔과 관념미

    세잔이 종이 A에 본인의 조형에 대한 생각을 글로 쓴다고 치고 그 당시 주류였던 신고전파(고대 로마, 그리스시대의 고전적 아름다움을 찬미하며 뎃생과 같은 기교적 엄밀함을 중시하고 귀족의 생활상등 고상한 주제와 우아한 표현을 추구한 특성을 보였다)의 부그로에게 조형 관념을 배운 학생이 종이 B에 본인의 조형에 대한 생각을 글로 쓴다고 가정해보자.

    이때 B에 적힌 관념들은 그 당시 회화에 있어 일반적 상식에 가깝다고 추측해 볼 수 있다. 왜냐하면 그 당시 아카데미의 주류는 신고전파였으므로 미술학도라면 대부분 신고전파적 조형 관념을 필수적으로 학습하게 되는 경우가 흔했다고 볼 수 있다(참고로 인상파는 당시 과격한 아방가르드로 간주되는 비주류였다).

이때 세잔이 작성한 종이 A에 적힌 조형 관념과 B에 적힌 (그 당시 아카데미에서 가르치던 즉 상식에 가까운) 조형 관념 사이의 격차와 간극을 떠올려보자. 세잔의 조형 관념이 적힌 A는 B로부터 상당한 간극을 확보하였다는 것을 알 수가 있다. 세잔의 작품에 드러난 독창적 조형 관념들 예를 들어 기하학적인 형태 환원(그의 풍경화에서 자주 볼 수 있는 특징으로 대상을 도형형태로 간소화시켜 표현하였다), 두 가지 이상의 시점에서 동시에 포착한 듯한 묘사(그의 정물화에서 자주 볼 수 있는 특징으로 이로 인해 사과는 접시에서 흘러내릴 듯한 아슬아슬한 느낌을 유발한다), 두 가지 이상의 색(주로 녹색과 갈색을 애용함)을 혼합하여 비자연주의적으로 사용하는 것은 그 당시 일반적 회화상식에 가까운 B로부터 상당히 간극을 확보한 것이다(좋게 말하면 진일보, 독창적인 것).

세잔의 조형에 대한 관이 상식으로부터의 간극을 확보하고 독창적인만큼 세잔의 작품의 관념미는 풍부하게 내재된 것이다(관념미는 작가의 관이 독창적이고 진일보할수록 작품에 내재되게 되는 지적인 특성의 아름다움이다). 세잔의 그림은 뎃생도 부그로보다 엉성하고 기교와 조형미만 놓고 본다면 부그로 작품보다 나은 것은 별로 없어 보인다. 다만 세잔은 상식으로부터 진일보한 독창적 관을 형성해감으로써 풍부한 관념미를 작품에 확보하였기에 대가로 인정받을 수 있게 되었다.

그 후 세잔에게 많은 영향을 받은 피카소, 마티스 모두 독창적 관을 형성해가며 피카소는 형태를 기하학적으로 해체한 독창적 표현양식을 선보여 관념미를 확보하고 마티스는 색채를 재현의 의무로부터 해방시키며 그만의 표현양식을 구축하여 관념미를 확보하게 되었다.

종이에 적어
분석해 보기

　현대미술가 A의 작품은 그가 평소에 형성하고 있는 조형에 대한 본인의 관을 구현한 텍스트에 가깝다.

　A가 조형요소, 표현수단, 재료, 표현과정, 표현양식, 모티프 등 관념미의 발현경로 및 작품과 관련된 평소 본인의 관념과 생각을 종이에 세세하게 적어본다면 그 종이에 기술된 활자를 조형으로 그대로 형상화한 것이 사실상 본인의 작품에 가깝다고 봐도 무방할 것이다. 만약 그때그때 본인이 느낀 대로 자유롭게 표현해야한다고 생각한다면 그 평소 생각대로 그의 작품은 추상이기도 하고 때론 구상이되 표현적이거나 순간순간의 주관적 해석에 따라 작품도 그리 반영될 것이다. 반대로 본인이 규정한 특정한 질서, 균형에 따라 표현

하고자하는 경우라면 작품 또한 늘 그 질서가 반영되어 드러 날 것이다. 본인이 관(觀)이 어떠하냐에 따라 작품도 관을 따라 그리 만들어지는 것이다.

A는 이제 본인이 종이에 기술한 활자 중에서 어떤 부분이 독창성(고유성)을 확보하고 있는지 혹은 평범한지도 알아차릴 수 있을 것이다.

텍스트로 본인의 작품을 활자화해보는 것은 냉정한 분석에 도움이 된다. 예를 들어 색채는 표현적으로 느낌대로 그린다. 형상은 조금 나이브하게 표현해도 된다. 추상보다는 구상이 더 좋다. 인물의 코를 더 크게 그려보는 것이 좋을 것 같다. 기왕이면 코를 지나치게 과장하는 것은 어떨까? 주제는 이러한 것을 그리는 것이 좋다 등등 막연하게도 좋고 그러나 좀 더 구체적으로 본인의 생각을 적어보는 것이다.

종이에 적어본 본인의 생각 중에서 이 부분을 좀 더 극단적으로 밀고 나갔을 때 독창성을 확보할 수 있겠다 싶은 부분은 좀 더 자세히 그 생각을 발전시켜보면 어떨까

본인의 작품의 구성에서 독창성을 확보한 비중만큼 작품의 관념미는 비례하여 풍부해질 것이다.

작품과 담론
그리고 아방가르드

1. 회화, 조소, 설치 등 조형으로 승부하는 무대는 결국 조형으로 이야기하고 조형으로 인정받는 것인데 그러면 당연히 구성에 남다른 본인만의 내세울만한 유니크한 부분이 있어야하지 않을까. 남이 시도한 걸 짜깁기 하거나 단순 모방에 가까운 구성을 한 채로 현학적 담론에 집착하는 미술가를 보면 예술가라기보다는 인문학자처럼 보일 때가 더러 있다. 작품이 있기에 미술에 대한 담론이 존재하는 것인데 담론만 좇다가 작품에 소홀해선 곤란하지 않을까.

2. 아방가르드에는 대개 타인에 의해 서사와 체계가 부여된다. 그리고 유명해지면 아우라가 발생하며 왠지 근사하게

보여지기 마련이고 그 미학적 가치도 누군가가 의미를 부여해주게 되니 아방가르드를 시도하려는 작가는 "관념의 미개척지"를 찾아서 개척해 보이기만 하면 된다(쉽게 말해 새로운 것을 시도하여 예술의 지평을 넓히는데 기여하면 된다). 아방가르드 작품의 서사, 아우라, 체계는 자연스레 뒤따라 붙게 되는 것이다.

(물론 본인이 시도하는 아방가르드의 당위성에 대해 스스로 확신을 가지기위한 이론적 체계, 논리적 정합성을 갖추는 것은 바람직한 것이다고 생각한다. 만약 이론을 체계화하는 능력에 아쉬움을 느끼는 경우라면 그냥 작품명을 "무제"라고 정하고 작품을 시도함에 있어 나름의 의도를 설명한 후 그냥 밀어 붙여보자)

인상파의 추상성

모네가 민첩한 관찰과 노련한 조형감각으로 선보인 인상
파 특유의 간결한 표현은 빛의 흐름에 따라 시시각각 변화를
보이는 일상의 장면과 풍경의 순간을 포착하고 이를 재빠르
게 캔버스에 담아내기 위함이었다. 인상파 작가 중에는 구스
타브 카유보트, 에드가 드가처럼 꼼꼼한 뎃생을 드러내며 재
현의 의무에 한 쪽 발을 걸치며 그 당시 주류였던 아카데미
즘이 추구하던 조형 관념에 다소 눈치를 보는 경우도 있었으
나(그 당시에는 이미 사진의 등장으로 인해) 재현의 우수함보다
는 작가의 독창적 시선과 표현에 점점 더 비중을 두고 박수
를 치게 되는 것이 모더니즘의 태동과 더불어 불가항력적 흐
름인 것이고 따라서 인상파의 간결한 표현에는 재현을 신경

쓰는 것과 더불어 감상자로 하여금 상상의 여지를 남기는 주관적 해석에서 비롯된 추상성이 내재되어있었다. 추상성은 곧 주관주의의 영역이자 작가의 관의 독창성이 당당히 활개칠 수 있는 영역이 되기도 한다. 그래서 모네의 노적가리 연작을 본 칸딘스키는 인상파적 표현에 내재된 추상성에서 완전추상의 씨앗을 엿보고 이를 극단적으로 밀고 나가 완전추상을 선구적으로 선보일 수 있었던 것이다.

조형 관념 및 관념미의 발현 경로

1. 조형 관념은 쉽게 말해 작품과 관련한 관념을 의미한다. 즉 모티프, 표현과정, 표현수단(재료, 화구, 오브제 포함), 표현양식, 표현방식, 조형이론 등에 대한 관념들이 조형 관념에 포함되며 작품에 내재된 조형 관념이 독창성을 확보하는 부분이 많을수록 작품의 관념미의 수준은 비례하여 높아진다. 현대미술의 메인스트림의 흐름은 관념미라는 룰에 의해 전개되어오고 있다.

2. 작품은 작가의 관을 바탕으로 예술적 감성과 기교, 조형감각이 어우러져 구현된 텍스트이다.

작품에 독창적 조형 관념이 존재한다는 것은 관념미의 발현경로 즉, 표현수단(재료, 화구, 오브제 등), 표현과정, 표현방식, 표현양식, 모티프, 조형이론 등의 6가지 부문에서 독창성을 발견할 수 있다는 것이고 이는 작품에 독창적 조형 관념이 확보되었다고도 표현해볼 수 있다(작품은 작가의 관을 구현한 텍스트임을 위에서 정의한바 있으므로 독창적 구성이 드러나는 작품은 독창적 조형 관념이 확보된 작품으로 바꿔 표현해볼 수 있다. 텍스트는 기본적으로 관념들로 구성된 것이기에).

작품에 고유한 조형 관념이 풍부할수록 관념미를 비롯 미술사적 가치는 비례하여 높아진다.

3. 세잔 이후 메인스트림의 흐름에 있어 하나의 재밌는 현상은 미술학도가 학교에서 배울법한 기본적 조형 관념에 충실할수록 작품은 오히려 진부해질 수 있고 반면 이를 자기 개성대로 왜곡하거나 과장되게 비틀어버릴수록 작품은 독창성을 확보할 가능성이 높아진다는 것인데 단 본인은 전혀 다르게 표현하여 작품이 독창성을 확보하였다고 생각하더라도 자세히 보면 기존의 조형 관념의 답습에 가까운 경우가 있을 수 있으니 작품에 내재된 조형 관념, 구성을 냉철히 바라보기위한 훈련과 노력이 필요하다고 생각한다.

4. 미술사의 페이지는 진부한 작품들을 친절하게 하나하나 설명해 줄만큼 그 수용공간이 그리 넓지 않다. 독창적 조형 관념이 확보된 관념미가 풍부한 작품만을 일일이 소개하기에도 그 지면이 그리 넉넉지 않은 곳이 바로 현대미술사 아니던가. 20세기 얼마나 많은 아티스트들이 활동했겠는가. 그 중에서 우리가 기억하는 이는 극소수다. 관념미학(GNMH)은 미술사의 좁은 공간을 비집고 들어가고자 하는 용기 있는 작가 분들에게 도움이 되고자 하는 이론이다.

5. 작가의 관(觀)이 독창성의 수준이 높을 때 지적인 특성의 아름다움인 관념미가 드러나게 되는 "관념미의 발현 경로"는 한 번 더 언급하자면 다음과 같다. "표현수단(재료, 오브제, 화구 포함), 표현방식, 표현양식, 표현과정, 모티프, 조형이론"이 6가지 부문에서 주로 "관념미"는 드러나게 되고 "관념미"가 외견상 드러나야 비로소 작품은 평론가들에 의해 진지한 조명과 더불어 다양한 해석과 서사가 부여되는 경향이 있다. 작품에 관념미가 드러난다는 건 쉽게 말해 위에 언급한 6가지 부문에서 독창성이 발견되어야 가능하다.

피카소와 마티스

1. 피카소의 큐비즘은 분석주의, 종합주의 단계를 거치며 조형에 대한 탐구를 보여주었다.

분석주의는 대상을 기하학적으로 해체하여 마치 우유갑을 활짝 평면적으로 펼쳐 보여주는 듯한 표현을 보여주었고, 종합주의 단계에서는 분석주의의 난해함을 보완하고, 감상자에게 작품 이해의 단서를 제공하기 위해 실제 사물을 캔버스에 붙이는 "콜라주"를 도입한다. 분석주의 과정에서의 형태에의 해체적 접근과 "콜라주"의 도입은 그의 조형에 대한 남다른 시각과 탐구의 결과이며 따라서 작품에는 관념미가 풍부하게 내재된 것이라 볼 수 있다(큐비즘은 조형에 대한 하나의 관점으로도 간주해 볼 수 있는 동시에 미술사적 족적을 남긴 하나의 사조였으며 따라서 관념미의 발현 경로로 보자면 조형이론, 표현양식에서 관념미를 확보하게 된 것으로 볼 수 있다. 큐비즘 예술운동은 브라크와 함께 주도하였다).

2. 마티스는 단순미의 극치를 보여준(나이브하게) 단순화된 형태와 비자연주의적인 과감한 색채의 활용(언뜻 부조화스러워 보이는 주관적 색채표현도 화폭에 적극 담아내었기에 초창기에는 형편없는 물감자국이란 혹평을 듣기도 했다)으로 색채가 재현의 의무로부터 해방되는 것이 보다 대중적으로 널리 친숙하게 자리 잡는데 적지 않은 기여를 했다. 이러한 특징들을 바탕으로 그는 독창적인 "표현양식"(관념미의 발현경로)을 확립하여 야수파의 실질적 리더로서의 존재감을 드러냈다. 마티스의 경우도 남다른 관에서 비롯된 관념미가 작품에 풍부하게 내재되어있다고 볼 수 있다. 아마도 만약에 그가 평범하게 바라보았다면 보이는 대로 그저 무난하게 칠했을 것이다.

A급 작품

작품에 고유한 조형 관념이 확보되었다면 미술사적으로 그 작품을 언급할 수밖에 없다. 다른 조형에서는 발견할 수 없는 새로움이 그 작품에 담겨있으니까. 그래서 고유한 조형 관념이 확보된 작품은 미술사적 가치가 풍부해지며 A급의 격을 갖추게 되는 것이다. 반면 고유한 조형 관념을 확보하지 못한 개성만 돋보이는 작품은 굳이 비평적으로 언급해주지 않아도 무방하다. 그 작품의 구성을 보면 이미 다른 작품에서 볼 수 있는 조형 관념들만 포착되는데 시중에 공개되고 있는 무수히 많은 작품의 갯수를 고려했을 때 과연 그러한 작품을 미술사적으로 친절하게 의미부여하고 해석할 동기가 부족해지는 것이다. 그래서 이 경우 아무리 잘해도 흔한 작품이 되는 것.

관념미의
발현경로 용어 정의

이 글은 저의 관념미학(GNMH)의 보다 명료한 이해를 돕기 위한 저의 개인적인 해석입니다.

1. 조형이론 – 예술, 조형에 대한 관점이자 세계관으로써 논리적 정합성을 갖출수록 그리고 시공에 구애받지 않는 보편성의 수준이 높을수록 그리고 이론의 내용적 구성이 새로울수록 좋다.

2. 표현방식 – 주로 설치, 조소에서 흔히 사용될 수 있는 용어로써 구성요소 혹은 대상의 배치, 구성이 유니크할 경우 "표현방식이 독창적이다"라고 표현해볼 수 있다.

3. 표현양식 – 주로 회화에서 흔히 사용될 수 있는 용어로써 대상, 풍경의 표현 혹은 패턴이나 구성이 유니크할 때 "표현양식이 독창적이다"라고 표현해 볼 수 있다.

4. 모티프 – 작품의 주제가 되는 측면을 아우르는 용어로써 조소나 회화 등의 작품에서 다루는 주제가 유니크한 경우 "모티프가 독창적이다"라고 표현해볼 수 있다.

5. 표현수단 – 회화, 설치, 조소 등의 매체에서 작가의 관을 표현하기 위해 활용되는 재료, 화구, 오브제 등이 "표현수단"에 해당된다. 만약 작가가 활용하는 재료 혹은 오브제가 미술사적으로 처음 시도되어(오감으로 인지 가능한 범위 내에서) 그것의 고유성이 돋보이는 경우 "표현수단에서 독창성을 확보하고 있다"고 표현해볼 수 있을 것이다.

6. 표현과정 – 작품을 제작하는 과정 혹은 표현해내는 과정자체도 작품의 일부로 편입되어 감상과 해석의 대상으로 간주될 때에 그 표현과정이 유니크하면 "표현과정에서 독창성을 확보하고 있다"고 표현해볼 수 있을 것이다(ex 사이먼 스탈링의 "헛간배헛간" 작품의 경우 헛간을 배로 개조하여 배를 타고

강변을 건넌 후 다시 헛간으로 재조립한 것을 작품으로 선보였는데 이러한 경우 헛간을 배로 개조하고 이를 이용해서 강을 건넌 후 다시 헛간으로 재조립하는 "표현과정"을 통해 유니크한 조형 관념, 독창성을 확보해낸 것이 된다).

모더니즘과
포스트모더니즘

　회화에서 모더니즘의 시작은 마네의 풀밭 위의 점심으로 인정하는 경우가 흔하다. 그만큼 마네의 그림은 원근법에 얽매이지 않은 평면적 구성과 상대적으로 느슨한 기교를 과감히 캔버스에 드러내며 재현의 의무로부터 그리고 재현, 기록, 장식 등의 전근대에서 흔히 볼 수 있었던 회화의 기능적 의무로부터 탈피하고자하는 시도를 보여줌에 따라 회화의 의미를 작가의 예술성의 추구를 위한 순수한 능동적 위치로써 그 위상을 전환시키는 데 기여하였다고 볼 수 있다. 이 모더니즘 시기는 미니멀리즘까지로 간주하는 경우가 흔하며, 그 후의 흐름에 대해서는 포스트모더니즘으로 분류하는 경향이 있다. 물론 모더니즘, 포스트모더니즘이란 용어도 하나의 임의적 분류이자 미술사의 흐름을 설명하는 방식, 관점으로 볼 수 있을 것이다. 모더니즘 시기에서는 포비슴, 앵포르멜, 추상표현주의, 누보레알리슴 등 특정 이론 혹은 예술사조의 유행 하에 그 이론이나 사조의 방향에 부합하기만 하면 약간의 개성만 돋보이게 하는데 성공하여도 쉽게 인정받을 수 있는 특성을 드러낸다.

야수파의 앙리 마티스와 앙드레 드랭의 그림은 비자연주의적 색채관념이 바탕에 깔린 주관적 표현이 공통적으로 반영되어있고 앵포르멜의 장 포트리에와 장 뒤뷔페의 그림 사이에는 반추상적인 단순화된 형태와 마티에르가 강조된 측면이 공통적으로 반영되어있다. 즉 구성에서의 약간의 차이가 있긴 하지만 작품의 조형 관념은 서로 비슷한 부분을 많이 공유하고 있음으로써 이러한 측면이 동일한 사조에서 활동한 작가로 인식되게 하면서도 동시에 각자 독창적인 작가로 인정받는데 있어 서로 차별화에는 성공하게 된 측면이 있다.

반면 포스트모더니즘 시기에서는 모더니즘시기처럼 거대이론 이나 예술사조의 유행에 따라 작가들이 이에 부합하는 작품을 선보이며 비슷한 조형 관념을 작품에서 서로 공유하기보다는 저마다의 유니크한 조형 관념을 어필하며 사실상

각개약진의 양상을 보인다. 예를 들어 "보따리"의 조형미를 국제무대에 알린 김수자 작가, 건축의 실내공간을 케스팅하여 조형으로 형상화한 레이첼 화이트리드, 키치 모티프를 통해 독창성을 보여준 제프쿤스 등의 작품들은 서로 너무나 다르다.

포스트모더니즘에서는 더욱 작가의 관의 독창성과 조형에 대한 탐구가 중요시된다. 모더니즘시기처럼 비슷한 조형 관념을 서로 공유하기 보다는 타인의 관점, 작품과는 좀 더 확연히 다른 간극을 확보하는 방향으로 뚜렷하게 유니크한 접근을 보여줄수록 그만큼 주목받을 가능성이 더 높아진다고 본다.

조형이론

　미술사에 비중 있는 조형이론이 되기 위한 요건은 첫째, 이론의 구성이 참신한 관점이 포함되어 있어야한다. 둘째, 그 이론을 작품으로 구현했을 때 외견상 오감으로 인지 가능한 범위 내에서 뚜렷한 독창성이 드러나야한다. 이를 다른 말로 표현해보자면 관념미의 발현경로 즉, 표현수단(재료, 화구, 오브제 포함), 표현과정, 모티프, 표현방식, 표현양식의 부문 중에서 최소 한 가지라도 뚜렷한 독창성을 확보하는 부분이 작품에 존재해야한다.

　간략히 요약해보자면, 성공적 이론의 구성요건은 첫째, 이론의 내용이 참신함과 새로움이 있을 것. 두 번째는, 그 이론을 작품으로 구현했을 때, 관념미의 발현경로에 있어 한 가지 부문이상에서 독창성을 반드시 작품에 확보할 것.

이 2가지 부문을 모두 충족시킨 조형이론은 몬드리안의 신조형주의(이론이 제시하는 관점이 참신하고 작품도 특유의 격자무늬 즉 관념미의 발현경로의 "표현양식"의 부문을 통해 독창성확보), 미래주의(다소 정치적으로 과격한 성격은 있었으나 이론이 제시하는 관점은 참신함이 있었고 미래주의 작품들도 속도, 움직임이 반영된 특유의 표현으로 관념미의 발현경로인 "표현양식"에서 독창성을 확보하고 있다) 등이 있고 반면 광선주의의 경우는 작품으로 구현했을 때, 작품에 내재된 조형 관념이 대체로 미래주의와 입체주의 등을 조합한 절충적 구성으로써 관념미의 발현경로에 있어, 전자에 언급한 경우에 비해 상대적으로 작품에 뚜렷한 독창성을 확보하지 못함으로써 다른 조형이론에 비해 존재감이 약하고 이론의 생명력이 그리 길지 않았으며 따라서 미술사적 비중도 높지 않은 편이다.

조형이론 2

　작가가 조형이론을 창안할 때는 그 이론의 내용적 구성 못
지않게 중요한 것은 "관념미의 발현경로" 즉, 표현수단, 표
현과정, 표현방식, 모티프, 표현양식의 부문 중에서 하나라
도 뚜렷한 독창성을 작품에 확보해야하는 것이다. 작가가 제
시한 조형이론이 참신하고 또 그 이론을 조형으로 구현했을
때 "관념미의 발현경로"에 있어 독창성을 확보하면 그 조형
이론은 미술사적 비중이 높아지고 이론을 창출한 작가는 A
급 작가 이상의 대가가된다. 김흥수 작가의 '하모니즘'은 구
상과 추상을 한 화면에서 서로 조화를 이루게 하려는 경향을
드러내는데, 이 경우 작가가 제시한 이론이 조형으로 구현된
결과가 추상과 구상(누드)의 구성으로써 기존의 조형 관념의

범위에서 크게 진일보하지 못한 단순한 조합에 가까운 무난한 구성을 보여줌에 따라 선언은 거창하였으나 관념미의 발현경로에 있어서는 국제무대의 기준에 비추어보았을 때, 뚜렷한 독창성을 확보하지 못하여 메인스트림 미술사에서의 비중은 크게 기대하기 어렵다고 본다.

반면 이우환 작가의 모노파(대상, 사물을 있는 그대로 드러내어 그 사이에서 조성되는 관계와 상황에 관심을 가지는 경향을 보임)이론의 경우는 관념미의 발현 경로에 있어 돌과 철판을 활용한 "표현방식"에서의 뚜렷한 독창성을 확보하는데 성공하였기에 이우환 작가의 작품은 미술사적 비중도 높고 그는 구겐하임미술관에서 회고전을 여는 등 대가로써 인정받고 있다(이글은 하모니즘, 모노파에 대한 간략한 비평적 분석으로 하모니즘 이론에 대해서는 결코 폄하의 의도가 없습니다).

관념의 미개척지를
개척한다는 것

19세기까지는 서양미술에 추상화는 공식적으로 보기 어려웠다. 칸딘스키의 추상화는 20세기에나 등장했으니까. 오늘날 현대미술에서 추상화를 흔히 볼 수 있게 된 건 칸딘스키가 "완전추상도 캔버스에 표현될 수 있다"는 새로운 "조형 관념"을 개척해 보여준 것이 큰 계기가 된 것이라 볼 수 있다. 19세기까지는 다듬지 않은 "기성품"을 그대로 예술작품으로 출품한 경우는 볼 수 없었다. 뒤샹의 "샘" 작품은 20세기에 등장했으니까. "소변기와 같은 기성품도 원래의 용도나 기능에서 벗어나 작품으로써 제시 될 수 있다"는 새로운 조형 관념을 뒤샹이 개척해 보여주었기에 현재 현대미술에서는 다양한 기성품들을 작품으로써 흔하게 감상할 수 있게 되었다. 아직 개척되지 못한 관념의 미개척지를 성공적으로 개척하는 것을 "아방가르드"라 부르고 이 "아방가르드"를 선구적으로 실천하여 예술의 지평을 넓히는데 기여하는 자가 미래의 대가가 될 수 있다. 대가들의 "아방가르드"로 인해 작가가 선택할 수 있는 표현의 다양성과 범위는 넓어져가니 그덕분에 감상자는 더욱 다양한 작품들을 감상할 수 있게 되고, 후대의 작가는 예술성의 추구에 있어 그 운신의 폭이 더넓어지는 것이니 "아방가르드"는 예술에 큰 기여를 하는 셈이다.

그들은 어떻게
관념미를 확보하게 되었는가

1. 리처드 세라

철은 훌리오 곤잘레스, 피카소, 데이비드 스미스 등 이미 많은 작가들에 의해 애용된 재료인데, 그는 재료를 거대한 평면적 철판으로 환원하여 장식적 요소나 조형적 섬세함을 허용하지 않는 냉담한 태도로 철판을 그대로 세워 스케일 있게 설치함으로써 관념미의 발현경로인 "표현방식"에서 참신함을 보여주어 "관념미"를 확보하는데 성공하였다(그의 "기울어진호(Tilted Arc)" 작품 참조).

2. 레이첼 화이트리드

집의 내부 빈 공간에 콘크리트를 가득 부어 굳힌 다음 외

벽을 뜯어내면 집의 내부공간이 콘크리트의 물성을 바탕으로 그대로 형상화된다. 그녀는 이러한 방식으로 건축 내부공간을 조소로 구현하여 관념미의 발현경로인 "모티프"에서 참신한 접근을 보여주었기에 "관념미"를 확보하게 되었다(그녀의 "House" 작품 참조).

3. 게르하르트 리히터

사진의 리얼리즘적 특성을 바탕에 두고 모든 형상을 흐릿하게 처리한 추상성을 가미하여 독특한 화풍을 확립, 관념미의 발현경로인 "표현양식"에서 관념미를 드러내는데 성공하였다(그의 "포토페인팅" 연작 참조).

4. 클래스 올덴버그

일상적으로 흔히 발견 가능한 대상을 "부드러운 조각"이라는 조형 관념을 제시하며 흉내 내기를 보여주었고 오브제를 기념비적으로 거대하게 확대함으로써 친숙한 사물을 낯설게 바라보게끔 유도하는 참신한 접근을 보여주었다. 조소와 관련한 "관념의 미개척지" 즉, 원래 조소는 단단한 특성이 대부분인데 "부드러운 조각"이란 새로운 조형 관념을 개척한 점 그리고 친숙한 오브제를 거대하게 확대한 표현방식을 통해 그는 관념미를 확보하는데 성공하였다.

5. 로이 리히텐슈타인

그는 만화를 순수미술의 영역에서 화폭에 그대로 재현할 경우 그 자체로 참신한 표현이 될 수 있다는 것을 보여주었다. 리히텐슈타인은 단순화된 형태와 뚜렷한 윤곽선, 선명한 색으로 경쾌한 생동감을 드러내고 벤데이점 기법을 바탕으로 회화의 무대에서 작품 속에 확연한 차별성을 확보하게 되어 관념미의 발현경로인 "표현양식"에서 관념미를 확보하는데 성공하였다.

6. 알렉산더 칼더

"조각에 움직임이 가미 된다"는 관념은 이미 뒤샹의 레디메이드 작품인 "자전거바퀴"에서 선보여진바 있으나 이것은 사실상 움직임을 조각에 도입하려는 의도에서 시도되었다기보다는 레디메이드 개념에 종속시키는 일회성에 가까운 시도였던 반면 칼더는 조각에 "움직임"을 도입하는 것에 대한 진지한 관심을 가지고 움직이는 조각을 "모빌"이라 부르며 이를 일관되게 시도함으로써 "표현방식"에서의 관념미를 확보하고 "키네틱 아트"의 선구적 활동을 보여주었기에 칼더도

A급작가로 불리울 자격을 갖추었다고 볼 수 있다.

7. 신디 셔먼

그녀는 영화를 비롯한 미디어에서 등장하는 여성에 대한 "클리셰" 같은 이미지 혹은 고착화된 모습 등을(스스로가 배우가 되어) 흉내 내기를 통해 연출함으로써 관념미의 발현경로인 "모티프"에서 관념미를 확보하는데 성공하였다.

8. 사이 톰블리

아무렇게나 휘갈긴 화장실 낙서 같은 무의미함 혹은 비루함도 화폭에 적극 차용할 수 있는 대담함과 무성의한 듯 보이지만 일정한 반복을 보이는 리듬감 있는 패턴을 구사함으로써 관념미의 발현경로인 "표현양식"에서 관념미를 확보하는 데 성공하였다.

김수자(Kimsooja)

한국의 전통적인 오브제 "보따리"의 조형미와 그 존재를 현대미술 메인스트림 국제무대에 본격적으로 알린 작가이며 보따리를 실은 트럭으로 장거리 여정에 나서기도 하고 보따리와 낡은 소형 트럭을 세련된 전시공간에 설치하여 미묘하지만 낯선 조화로움을 보여주기도 하였다. 또한 A Needle Woman: Galaxy 같은 끝이 뾰족하고 날렵한 형식 속에 현대적인 우아함을 동시에 자아내는 기념비적 설치를 보여주었고 "마음의 기하학"에서는 많은 사람들과 함께 테이블위에 점토를 둥글게 빚는 등 늘 새로운 퍼포먼스와 끊임없는 조형에 대한 탐구정신을 보여주고 있다. 관념미의 발현경로인 표현방식, 모티프 등에서 뚜렷한 관념미를 보여주며 이미 국제미술사에 족적을 남긴 우리나라가 배출한 세계적인 작가이다.

조형 관념의 재활용

순수미술에서 작가가 시도해보려는 것이 과거에 다른 작가가 이미 비슷한 시도를 했었던 것이라 할지라도 그것이 일회성이 강했다면 그 시도를 좀 더 스케일 있게 재활용하여 일관되게 밀어붙임으로써 본인만의 독창성을 확보하는데 성공할 수 있다.

크리스토의 "포장미술"이라 불리울 수 있는 "표현방식"은 이미 만 레이가 과거에 선보인 "이시도르 뒤카스의 수수께끼" 작품에서도 볼 수 있는 비슷한 시도이다. 하지만 크리스토는 이를 좀 더 스케일 있게 그리고 일관되게 밀어붙여 예술에서 "포장"하면 떠오르는 연상작용에서 본인만의 뚜렷한 포지셔닝을 구축하는데 성공하였기에 그는 A급 작가로 불리

우며 그의 작품들은 미술사적으로도 상당히 비중 있게 다뤄
지고 있다.

부그로와 세잔
(반복주의)

1. 관념미, 부그로와 세잔

관념미란 작가의 관이 기존의 조형 관념, 상식으로부터 진일보할수록 즉 독창성의 수준이 높아질수록 작품에 내재되게 되는 지적인 특성의 아름다움이다.

세잔이 활동하던 당시 아카데미에서의 주류는 신고전파였다(세잔 및 인상파는 비주류이자 소수파였다). 작가 지망생 이라면 지금은 미대에 많이 가지만 그 당시에는 아카데미가 사실상 지금의 미대의 역할을 하며 그곳에서 지망생들이 많이 배웠고 아카데미에서 가르치는 지식이 그 당시 상식에 가까웠다고 볼 수 있다. 세잔이 한참 활동하던 그 당시의 신고전파를 대표하는 작가는 부그로였다. 신고전파에 대해 간략히 이야기해보자면 고대 로마, 그리스의 고전미를 찬미하며 우아한 표현을 추구하고 뎃생의 엄밀함을 강조하며 신화, 귀족의 생활상 등 고상하고 우아한 주제들을 주로 다루었는데 만약 이때 부그로가 종이 A에 본인의 조형, 회화, 예술에 대한 관점을 글로 쓴다고 가정해보자.

이때 그 종이 A에 적힌 내용은 그 당시 많은 제도권 화가, 미술학도가 공유하던 상식, 조형 관념에 가까울 것이며(신고전파는 주류였으니까) 이 A의 내용을 그대로 작품으로 구현해본다면 그것이 바로 부그로의 작품이 된다. 작품은 작가의 관(觀)을 구현한 텍스트이므로

P.s 표현주의적 조형에 대한 관점을 가진 화가가 붉은 사과의 정물화를 그린다면 캔버스에 표현된 그 사과의 색은 주황색이나 파란색이 될 수도 있다. 즉 본인이 칠하고 싶은 대로 색을 선택할 것이다. 반면 자연주의적 색채 관념을 가진 화가는 실제 사과와 비슷하게 붉은 색으로 그릴 것이다. 고로 작품은 작가의 관을 구현한 텍스트로 간주될 수 있다.

2. 관념미, 부그로와 세잔

엑상프로방스에서 우직하게 조형에 대한 탐구를 보인 세

잔 작품의 특징을 살펴보면 1. 두 가지색 이상을 혼합한 색의 사용(주로 녹색과 갈색을 애용하였다) 2. 원근법에 얽매이지 않은 평면적 구성 3. 풍경화에 드러나는 특징인데 대상을 원뿔, 원추 등 기하학적으로 간소화시켜 접근 4. 그의 사과 정물화를 보면 사과가 마치 접시에서 흘러내릴 듯한 느낌을 유발하고 있는데 두 가지 이상의 시점에서 동시에 포착한 듯한 접근을 보여주었기에 그렇다.

이때 부그로와 마찬가지로 세잔도 종이 B에 본인의 조형, 예술, 회화에 대한 관점을 기록해본다면 어떨까(이 B에 적힌 내용을 그대로 구현한 것이 세잔의 작품이 된다. 작품은 작가의 관을 구현한 텍스트이므로).

그 당시 상식에 가까웠던 종이 A에 적힌 부그로의 신고전파적 조형 관념과 종이 B사이의 간극을 떠올려보자. 그 간극만큼 세잔의 관은 상식으로부터의 진일보와 독창성을 확보하였으며 그만큼 관념미는 작품에 내재되게 된 것이다. 관념미는 작가의 관이 상식으로부터 진일보할수록 독창성의 수준이 높을수록 작품에 풍부하게 내재되게 되는 지적인 특성의 아름다움인데 관념미는 관념미의 발현경로를 통해 작품에 드러나게 된다. 관념미의 발현경로는 "조형이론, 표현수단, 표현과정, 표현방식, 표현양식, 모티프" 총 6가지로써 세잔의 경우는 관념미의 발현경로 중 하나인 "표현양식"을 통해 관념미가 드러나고 있다고 표현해볼 수 있다.

세잔은 표현양식에서 고유성을 확보하였고(이를 다르게 표현하면 독창적 구성, 조형 관념을 확보한 것이 된다) 고유한 조형 관념이 확보된 만큼 관념미는 작품에 풍부하게 내재되어 있다. 작품의 구성이 독창적이란 것은 그만큼 작가가 독창적 관점(관념)을 가지고 있다는 것이며 따라서 독창적 작품은 독창적 조형 관념이 풍부한 작품이라 표현하거거나 관념미가 풍부한 작품으로도 표현할 수 있다(한 번 더 언급하자면, 작품은 작가의 관을 구현한 텍스트이기에 '독창적인 구성'이란 표현을 '독창적인 조형 관념'으로 표현이 가능한 것이다).

현대미술에서 관념미는 미술사적 가치를 결정하며 국제경매시장에서의 수십억 이상의 가치평가는 작품이 내재한 관념미에서 비롯된 미술사적 가치에 대한 가치평가라 봐도 무방하다. 관념미는 A급 작품이 갖춰야 할 필수요 조형미는 옵션이다. 세잔의 작품과 부그로의 작품을 서로 비교해보자면 외견상 조형미나 기교적 완성도만 두고 볼 때 부그로의 작품이 더 좋아 보일 여지가 많다고 본다. 그렇지만 현대미술은 관념미라는 룰이 강조되는 무대이기에 현재 세잔은 작품의 관념미를 바탕으로 작품의 풍부한 미술사적 가치와 더불어 격 높은 호평을 받고 있다고 볼 수 있다. 그리고 세잔의 작품은 피카소와 마티스에게 많은 영감을 제공하기도 했다.

바젤리츠와 슈나벨

　신표현주의에 분류되는 작품들은 대개 서사적인 모티프와 주관적 감성이 강하게 반영된 구상을 기반으로(그런데 이 부분은 기존의 표현주의와 크게 다르지 않음으로써 과거 독일의 표현주의가 내포한 조형 관념을 상당부분 답습하는 부분이다) 바젤리츠는 그림을 거꾸로 그림으로써 관념미의 발현경로에 있어 표현양식에서 관념미를 확보하고 슈나벨은 접시와 같은 개성 있는 재료를 활용한 묵직한 마티에르를 드러내었기에 강한 개성을 바탕으로 인정받을 수 있었다.

　즉 바젤리츠는 그림을 거꾸로 그림으로써 "표현양식"의 독창성을 확보하여 확실히 "관념미"를 확보하였는데 반해 슈나벨 작품은 개성은 강하지만 활용한 재료가 고유성을 확보한 것까지는 아니다 이미 다니엘 스포에리가 과거에 접시 등의 식기를 아상블라주한 연작을 선보인바 있기 때문이다. 게다가 회화에 깨진 접시를 활용한 묵직한 양감을 더한 것은 라우셴버그의 컴바인페인팅과 상당부분 조형 관념이 겹치는 것이 사실이다 다만 서사적 모티프에서 매력을 어필하여 미술사적으로 냉정히 볼 때 뚜렷한 관념미까지는 아니라도 개성은 강하니 운 좋게 인정받게 된 것 같다.

관념미학
기본적 구성 요약

1. 작품은 작가의 관(觀)을 바탕으로 예술적 감성과 기교, 조형감각이 어우러져 구현된 텍스트이다.

2. 관념미(GNM)는 작가의 관이 독창적일수록 그리고 상식으로 부터 진일보할수록, 관념의 미개척지를 개척할수록 작품에 풍부해진다.

3. 관념미는 관념미의 발현경로를 통해 주로 드러난다. 관념미의 발현경로는 "표현수단, 표현방식, 표현과정, 표현양식, 모티프, 조형이론"으로 볼 수 있다.

4. 대가는 독창적 조형이론을 창출해내거나(ex. 신조형주의, 모노파) 관념의 미개척지를 개척(ex. 뒤샹의 레디메이드, 백남준의 비디오기기 선구적 활용)하여 예술의 지평을 넓히는데 기여한 경우 대가로 인정받는다.

5. 현대미술의 메인스트림의 흐름은 관념미라는 룰에 의해 전개되어오고 있다(세잔부터 본격적으로 그려됨).

6. 관념미가 풍부한 작품이란 다른 말로는 작가의 독창적 조형 관념이 작품에 풍부하게 내재된 경우로도 간주될 수 있다.

마네 이야기 2
(반복주의)

마네로부터 회화의 모더니즘이 시작되었다. 그는 "풀밭 위의 점심" 그림에서 뎃생을(그 당시 아카데미 주류였던 신고전파에 비해) 상당히 나이브하게 드러내었고, 원근법에 얽매이지 않는 등 일부러 기교에 힘을 빼고 재현의 의무로부터 탈피하고자하는 시도를 보였다. 게다가 다소 선정적으로 보일 수 있는(상황적 맥락에서) 나체의 여성까지 등장시켰으니 기교적 엄밀함과 더불어 주제의 고상함을 추구하던 그 당시 주류에게 상당한 모욕감을 가져다 준 것은 분명해 보인다.

그 후 "올랭피아" 등의 후속작으로 인해 당시 과격한 아마추어이자 아방가르드한 화가로서의 이미지를 더욱 굳히며 많은 조롱과 비난에 시달리기도 했다. 마네가 활동하던 시기에는 이미 사진작가인 나다르가 열기구를 타고 항공사진까지 촬영한 상황이어서 과거 회화의 존재의미에서 상당부분을 차지하던 재현의 기능을 사진이 보다 월등히 대체할 수 있는 힘을 보여주며(그림이 어찌 사진의 재현성을 넘볼 수 있을까) 재현의 역할이 회화에서 사진으로 넘어가는 것이 당연한 듯 보이던 시기였다. 그래서 마네는 일부러 기교에 힘을 빼고 원근법을 지키지 않는 등 기능적인 재현의 의무로부터 회화를 탈피시킴으로써 과거 회화의 역할에서 상당비중을 차지하던 역사적 사실을 회화로 재현하고 기록하는 일과 종교적 서사를 사실적이면서 장식적으로 표현 하는 일종의 하청업체 같은 수동적 기능으로부터 서서히 벗어나게 되는 분위기의 진전에 마네는 신호탄을 쏜 것이라 볼 수 있다.

마네 이후 회화는 작가의 관을 구현하고 예술성의 추구를 위한 주도적인 역할을 키워나가며 회화의 위상은 수동에서 능동적인 위치로 한 단계 격상할 수 있게 된 것이다. 그래서 모더니즘은 기능적인 기교의 엄밀함보다는 나이브하지만 독창성이 있는 것을 더 사랑하는 듯 보인다.

미켈란젤로 피스톨레토

일상의 흔한 사물들을 비루해 보이는 것일지라도 오브제로 발견하고 선택하여 그 물성을 드러내고 다양한 조합과 아상블라주를 통해 일상과 예술의 간극을 좁히려는 시도로 보여지는 "아르테 포베라" 예술운동을 이끈 중요 인물 중 한사람으로써 "거울" 연작으로 일컬어지는 작품에서는 거울처럼 광택이 나는 표면위에 주로 실크스크린으로 인쇄한 실제 인물과 동일한 크기의 사실적 재현이 드러나는 인물형상을 부착함으로써 작품 앞에 서있는 감상자가 바라볼 때, 표면에 부착된 인물형상과 마치 같은 공간에 머무르는 듯한 독특한 연출로 관념미의 발현경로인 "표현방식"에서 관념미를 보여주었고 "누더기 비너스" 작품에서는 흔히 과거부터 아름다움의 표상으로도 간주된 비너스 조각 앞에 낡은 옷가지들을 쌓아둠으로써 고전적 우아함과 현대의 남루함을 병치시키며 미묘한 긴장감을 조성하고, 이는 동시에 "모티프"에서 관념미를 엿볼 수 있게 한다.

이 외에도 그는 다양한 시도들을 꾸준히 선보인바 있는데 그러한 독창적 시도 이면에는 작가의 조형에 대한 남다른 사유와 치열한 탐구가 있었다고 보며 그의 작품에 대해 어떠한 의미와 해석을 도출해내는지는 오로지 감상자의 자유일 것이다.

극사실주의

극사실주의는 일상의 다양한 사물, 인물 등을 사진보다 더 생생한 재현을 지향하는 정밀한 묘사를 통해 익숙했던 장면들을 낯설게 바라보게끔 유도 한다. 극사실주의는 그 양식의 특성상 재현을 위한 표현력은 작가가 갖추어야 할 필수 덕목이요 극사실주의에 기대어 작품을 하는 작가로서는 당연히 보여주어야 하는 기본으로써 만약 화면 어딘가에서 실제와 다른 듯 엉성함이나 엄밀성의 부족이 드러나면 작품의 격에 있어 아쉬움이 남게 된다. 극사실주의에서의 작품의 변별력은 작가가 얼마나 생생하게 잘 묘사하였는지의 능력에서 판가름되는 것은 아니다. 그것은 극사실주의 양식의 특성상 당연히 갖추어야 할 기본요건인 것이고 작품에서 다루고 있는

"모티프"가 얼마나 색다르고 독창성이 있는 지에서 사실상 작품의 미술사적 가치가 판가름된다.

즉, "모티프"에 대한 작가의 남다른 "관"에서 비롯된 "관념미"가 중요한 부분인 것이다. "모티프"에서 뚜렷한 독창성을 확보해야 다른 극사실주의 양식의 작품들 속에서 주목과 인정을 받을 수 있는 가능성이 그만큼 높아진다. 쉽게 말해 작가가 극사실주의를 선택했다면 무엇을 그릴 것인지 남이 아직 그리지 않은 참신한 대상을 찾는 것이 전략이다.

존 발데사리의
의뢰된 그림

    그는 모델이 특정 대상을 손가락으로 가리키는 것을 사진
으로 찍은 후 이를 무명화가에게 사진과 흡사하게 그림으로
재현해줄 것을 의뢰하여(그림을 그린 화가의 이름도 함께 기재
된) 독특한 발상의 작품을 선보였다. 이 작품 제작의 상당부
분은 무명화가에 의해 실행되었으나 이러한 작품의도와 기
획은 발데사리에서 비롯되었으므로 해당 작품은 발데사리의
작품으로 간주된다.

    현대미술은 관념미(작가의 관의 독창성에서 비롯된 지적인 특
성의 아름다움)로 승부하는 무대이다. 관념미를 선보이는데
성공하면 작품이 외견상 조악해보이고 난해해도 인정받을
수 있다. 이러한 현대미술의 특수성으로 인해 재료와 수단에
구애받지 않고 개념, 발상에 주로 기대어 선보이는 개념미술

의 존재가 미술사적으로 허용되는 것이다. 작가가 굳이 시간과 비용이 많이 드는 매체, 우아한 형식에 얽매이지 않고서도 관념미만 제대로 보여주기만 하면 그러한 시도는 미술사적 가치를 확보하게 된다.

이 관념미는 작가의 관(세상과 조형에 대해 형성해가고 있는 작가의 관점을 의미)이 독창적일 때 발생가능한데 이 작품에는 발데사리의 남다른 관에서 비롯된 관념미가 내재되게 된 것으로 볼 수 있을 것이다. 새로운 시도는 늘 참신한 관점이 뒷받침된 용기 있는 실행에서 비롯된다고 보며 평범한 관점을 가진 작가는 이미 알려지고 시도된 것들의 범주를 맴돌 뿐 발데사리가 보여준 것과 같은 참신한 접근을 하기란 쉽지 않다고 생각한다.

관념미는 관념미의 발현경로를 통해 드러나게 되는데, 이 작품에서는(발데사리의 남다른 관에서 비롯된 관념미가) 관념미의 발현경로 중 하나인 "모티프"를 통해 확보되었다고 볼 수 있을 것이다. 이 작품이 다루는 주제에 해당하는 측면은 단순하면서도 참신하므로.

P.s 관념미의 발현경로는 조형이론, 표현과정, 표현방식, 표현양식, 모티프, 표현수단 6가지가 있습니다.

개념미술에 대한 농담

　개념미술이 가능하고 또 미술사적으로 허용되는 이유는 현대미술은 세잔이후로 본격적으로 "관념미(작가의 관이 독창성의 수준이 높을수록 작품에 내재되게 되는 지적인 특성의 아름다움이다)" 즉 쉽게 말해 독창적 발상으로 승부하고 인정받는 무대이기에 그러하다. 개념미술은 좀 희화화시켜 이야기해 보자면 작가가 회화나 설치, 조소와 같은 기존의 매체로 관념미를 보여주기 부담스러우니 가급적 재료나 형식적 과정은 간소화하고 독창적 조형 관념, 발상으로 때우려는 경향이 있다고 본다.

　수단과 형식이야 어쨌든 관념미만 제대로 보여주면 작가가 시도하는 그것은 미술사적 가치를 인정받을 수 있기에 예를 들어 예술가 본인의 똥을 담았다고 주장하는 통조림 캔 (피에로 만초니의 "예술가의 똥" 작품)을 제시하거나 영국식 아침식사를 먹고 강철막대를 구부리는 장면을 제시(본래 이 시도의 이름은 "영국식 아침식사의 에너지는 미술가들인 디베츠와 루텐벡에 의해 진짜 강철 막대를 부러뜨리는 힘으로 변형되었다"이다)한 것들은 독창적 발상이 돋보이고 참신하니 미술사적으로 그러한 시도들이 기록되는 것이다. 즉 시도 자체는 좀 보잘것없어 보일지라도 관념미가 뚜렷한 것이다.

얼마나
진일보할 수 있는가

　그림이 많이 팔린다고 미술사에 뚜렷한 족적을 남기는 것은 아니다.

　본인의 독창적 관을 형성해가며 작품에 "관념미"를 드러내 보일수록 그 작가는 미술사적으로 높은 평가를 받게 될 가능성이 높아질 수 있다. 현대미술에서 격 높은 작가란 기본적으로 본인의 뚜렷한 독창적 관을 형성해가는 철학자를 의미하기도 한다고 생각한다.

　흔히 제도권 교육에서 배우는 "뎃생은 ~해야 한다" 혹은 "색채는~해야 한다" 등의 상식적 "관념"들로부터 당신의 관은 얼마나 진일보 할 수 있는가?

마티스처럼

뒤샹처럼

라우셴버그처럼 말이다.

좋은 시도가
이끄는 것, 단상들

1. 좋은 시도에는 좋은 의미부여와 해석이 따른다. 현대미술에서 좋은 시도란 독창적 발상이 돋보이는 선구적인 형식과 내용이 드러나는 것이다.

2. 현대미술은 "저건 나도 할 수 있겠어" 같은 소리는 별 의미 없다 "그 당시 그것은 근사하진 않을지라도 그가 처음으로 시도 한 거였지"로 평가 받은 것이기 때문이다.

3. 독창성이 뚜렷한 작품이어야 주목을 받기 쉽다.
독창성은 "관념미의 발현경로(조형이론, 표현과정, 표현방식, 표현양식, 모티프, 표현수단(재료, 화구, 오브제 포함)"에서 주로 비롯된다.

여기서 어느 한 부분에서라도 독창성을 확보해야 그러한 작품은 평론가들에 의해 보다 비중 있게 자주 조명되어 사회 문화적 서사가 부여될 가능성이 높아지는 것이다.

작품이 구성, 즉 조형 관념의 독창성을 확보하면 그 다음 엔 해당 작품의 조형미와 정서적 감흥에 있어서의 기대치가 그 작품의 대중적 흥행을 결정하는데 적지 않은 영향을 준다 고 본다.

4. 수십 년 전 그 당시에는 새로웠던 시도를 지금 이 시점 에 그 과거의 시도들을 짜깁기 하고 흉내 내는 데에만 급급 한 작가가 있는가 하면 현재에 새로운 시도를 모색하며 지속 적으로 도전하는 용기 있는 작가도 있다. 후자에 의해 예술 의 지평과 다양성에 있어 진보가 기대된다.

표절?
(유사성 논란에 대한 단상)

어떤 작품이든 유사성 시비로부터 100% 완전히 자유롭긴 어려운 일이다. 다만 그럼에도 불구하고 해당 작품이 얼마나 그 작가만의 뚜렷한 독창성을 드러내느냐하는 그 수준이 중요하다는 생각이 든다. 크리스토의 "포장" 표현방식은 만 레이의 "이시도르 뒤카스의 수수께끼"에서 이미 선보인바있고 트레이시 에민의 "나의 침대" 작품도 라우셴버그가 본인이 직접 사용하던 침대보에 그림을 그린 "침대" 작품이나 클래스 올덴버그의 "침실" 작품과의 유사성 시비로부터 자유롭긴 어려울 수 있다. 그러나 크리스토는 포장을 스케일 있게 확장하여 일관되게 선보인 점에서 다소 시도가 일회성이 있었던 만 레이와는 차별성이 있었고, 트레이시 에민도 "나의 침대" 작품에서 본인의 내밀한 사생활을 좀 더 부각시킴으로써 다른 작가의 작품과의 유사성 시비의 우려를 딛고 차별성을 드러내는데 성공했기 때문에 미술사적으로 가치를 확보할 수 있게 되었다. 윌렘 드 쿠닝의 "여인" 연작은 3년 정도 앞선 시기에 먼저 선보인 장 뒤뷔페의 "여인의 육체" 작품에 대한 유사성 시비가 존재할 수 있다. 잭슨폴락의 액션페인팅도 엄밀히 말해 초현실주의의 자동기술법과 외견상 유사성에 있어 얼마나 자유로울 수 있을 것인가? 단색화는 1950~60년대 앞서 서구에서 유행한 모노크롬과 형식의 측면에서 얼마나 다른가?

현대미술사를 보건대 유사성 시비로부터 100%로 자유로울 수 있는 작품은 찾기 어렵다 다만 그럼에도 불구하고 해당 작품이 어느 수준 이상의 독창성을 확보하고 있는지에 대한 논의가 필요할 것이며 약간의 유사성의 바탕위에 뚜렷한 고유성을 보여준다면 그러한 작품은 좋은 작품으로 간주해 볼 수 있지 않을까.

구상회화

1. 구상회화는 기교에 힘을 뺄수록 관념미가 돋보일 수 있다. 기교가 너무 부각되면 독창성은 기교에 가려 흐릿해질 수 있으며 입시미술티를 못 벗어난 고루한 분위기가 풍길 수 있다(극사실주의와 같은 특수한 경우는 예외).

2. 구상회화는 모티프에서 승부를 보는 것이 현명한 접근일수 있다. LA 고급 별장에 딸린 수영장 모티프로 스타 작가 된 데이비드 호크나 용병 연작으로 유명해진 레온 골럽처럼 남이 아직 잘 다루지 않은 유니크한 모티프로 이목을 집중시킬 수 있으면 좋다고 본다.

잭슨 폴락

잭슨 폴락은 Surrrealism에서 사용되던 자동기술법을 좀 더 스케일 있게 밀고 나가 "액션페인팅"이라는 그만의 독창적 영역을 구축하여 선구자로 대접받았다. 솔직히 말해서 깡통에 구멍 뚫고 물감을 질질 흘리며 자유롭게 뿌려대는 드리핑이 그렇게 테크닉이 필요한 것인가? 아니다. 오히려 제도권 학교에서 습득하는 엄격한 기교와 고정관념을 잭슨 폴락은 스스로 그만의 독창적인 사유와 탐구, 용기를 가지고 뚫고 나올 수 있었기에 가능한 것이다. 즉 순진무구한 어린이는 쉽게 드리핑을 시도할 수 있지만 획일적이고 평범한 교육에서 형성된 고정관념, 틀로부터 자유롭지 못한 채 자기만의 관을 가질 생각을 하지 못하는 지적으로 나태한 작가는 감히 시도할 수 없는 당시로써는 혁신이었던 것이다.

뒤샹과 백남준

뒤샹은 자전거바퀴나 소변기처럼 조형적으로 다듬지 않은 기성품도 그대로 작품으로 선보일 수 있다며 "레디메이드"라는 새로운 관념을 제시하여 예술의 지평을 넓히는데 기여하였다. 그로인해 아르망의 집적 시리즈, 트레이시 에민의 침대 같은 작품들이 시도가능하게 된 배경을 마련해준 셈이다.

백남준은 "비디오기기도 오브제로써 선택하여 활용할 수 있다"는 관념을 선구적으로 제시함으로써 브루스나우먼 같은 영상 매체를 활용하는 아티스트들이 용이하게 활동할 수 있는 근거를 마련해 주었다.

이처럼 기존의 관념의 미개척지를 개척해보인 뒤샹, 백남준은 미술사에 꽤 많은 비중을 차지하는 대가로 인정받고 있으며, 관념미학 어워드(GNMH Award)에서도 이러한 시도에 "최상"의 관념미 평가를 적용하고 있다. 남들이 이미 제시한 관념의 범주 안에서 편안히 안주하는 작가는 결코 이러한 선구자들의 위상을 넘볼 수 없다.

관념미학(GNMH)
평론

평론가가 평론을 쓰는 이유는 작가에게 아첨하기 위함은 아니요 작가의 해설을 그대로 요약하기 위함도 아닐 것이다. 평론가는 작품에 대한 본인의 감상을 활자화함으로써 이를 매개로 작가에게 말을 건네기도 하고 작품에 대한 능동적 "표현"을 하는 일종의 피드백이자 다른 감상자가 작품을 이해하는데 조금이나마 도움을 제공하기도 하는 것이다. "작품"은 작가의 표현이요 "평론"은 평론가의 표현이다.

나는 평론을 함에 있어 작가의 해설과 작품의도에는 일부러 거리를 두고 바라보는 편이다. 평론은 평론가의 표현의 영역으로써 평론가가 순수하게 보고 느낀 바를 쓰는 것이 평론의 진정성에 더 다가가는 길이라 생각한다.

예술작품은 완성되어 타인에게 공개되는 순간 작가의 작품의도와는 얼마든지 분리되어 그 자체로 다양한 해석의 가능성을 내포하게 된다. 나의 관념미학 평론은 작품에 내재된 조형 관념 분석에 충실한 리얼리즘적이고 간결한 특성이 있다. 작품과 무관한 이론을 공수해와 작품에 갖다 붙이며 현학적 포장을 하는 행태는 자칫 작품에 대한 진솔한 접근을 방해할 수도 있고 진부한 아류작도 주례사 비평처럼 추켜 세워줄 우려가 있으며 작품 자체를 화려한 서사 뒤의 골방에 소외시킬 위험도 존재할 수 있다고 본다.

따라서 나는 평론을 할 때 가급적 작품에 내재된 조형 관념 분석에 충실함으로써 해당 작품의 독창성과 미술사적 가치를 가늠하는데 조금이나마 도움이 될 수 있길 바라고 냉철한 비평의 효용도 담아내는 평론 문법을 보여주고자 한다.

현대미술교육에 대한 단상

현대미술교육에서 실기비중은 낮추고 독창적 관, 사유를 형성해가는 걸 돕는 지적인 수업의 비중을 늘려야한다. 작가의 관(세계관을 포함한 조형과 예술에 대한 관점)을 구현하기 위한 기교, 테크닉은 나중에 작가 본인이 필요성을 느끼는 대로 자유롭게 선호하는 것을 배우면 되지 그것을 지적인 사유의 훈련보다 우선시하고 강조해서는 곤란하다. 꼼꼼한 석고 뎃생이 지나치게 도드라진 작품보다는 나이브하면서도 독창적 구성이 돋보이는 작품이 국제무대에서는 훨씬 더 경쟁력이 있고 세련되어 보인다.

너무나 낯설거나
너무나 익숙하거나

　예술에서 아직 시도되지 않은 것을 처음으로 시도하는 것과 너무도 흔하고 익숙해서 굳이 그것까지 예술적으로 다루어야 하나 싶은 것을 시도하는 것은 서로 비슷한 감흥을 유발한다. 전자는 새롭기에 낯설고, 후자는 너무나 익숙해서 굳이 특별히 염두에 두지 않았던 것이기에 순수미술의 무대에서 마주 대하게 되면 오히려 낯설고 신선한 감흥을 느끼기 쉽다.

그 작품이
왜 그렇게 비싼가요?

　국제미술품경매에서 기교적으로 조악하고 형편없어 보이는 작품이 세븐피겨(한화로 10억 이상)를 호가하는 경우는 흔히 들리는 소식이다. 이는 대부분 작품의 관념미에서 비롯된 미술사적 가치에 대한 가치평가로 여기에 플러스알파로 해당 작품을 그동안 누가 소장해 왔는지 등의 구매이력, 조형미 등의 요인들이 옵션으로 가미되어 작품에 그러한 가치가 평가되었다고 생각한다. 따라서 관념미를 이해하면 작품 가격이 이해될 수 있지만 관념미를 모르고 조형미나 기교적 완성도만 놓고 작품을 보는 경우는 빈정거리거나 욕을 할 수도 있을 것 같다.

마르셀 뒤샹 2

그는 "작가의 정성과 노력의 손길을 거치지 않은 자전거바퀴나 소변기와 같은 기성품도 그대로 예술작품이 될 수 있다"는 그 당시 "관념의 미개척지"를 개척해보임으로써 예술의 지평을 넓히는데 기여하였다. 예술에서 시도 가능한 새로운 "표현수단(재료, 화구, 오브제 포함)"을 보여준 셈이며 "진일보"를 보여준 셈이다. 동시에 "레디메이드"란 개념을 유행시키며 그 후 많은 작가들이 기성품을 작품의 영역으로 끌어들여 마음껏 조합하고 아상블라주할 수 있는 관념적 토대를 제시하게 되었다.

그는 세잔 이후로 전개되고 있는 현대미술의 "관념미"라는 흐름을 제대로 직시하고 이를 근거로 지적인 승부를 보인 탁월한 지성인이자 승부사로도 볼 수 있을 것 같다(그는 세계적인 체스대회에서 우승한 유명한 체스선수이기도 했다).

현대미술은 본인의 독창적 "관"을 형성해가기만 한다면 작가의 기교적 숙련도 및 세련된 조형감각 없이도 충분히 미술사에서 큰 족적을 남기는 "대가"가 될 수 있음을 그는 스스로 입증해보였다.

뒤샹의 작품이 대부분 기교적으로 장인정신이 깃들거나 아름답지는 않다. 하지만 관념적으로는 독창성이 탁월했다. 그가 등장하기 전 그 누구도 다듬지 않은 소변기와 같은 기성품을 그대로 작품으로 내세울 생각은 하지 못했다. 그는 남다른 관점을 바탕으로 작품에 뚜렷한 관념미를 제시해 보여주었다. 관념미는 작가의 관의 독창성에서 비롯된 작품에 내재된 지적인 특성의 아름다움이다. 혹시 그가 어째서 대가란 말인가하며 따져 묻는 이가 있거든 현대미술사에서 그가 차지하는 비중과 그에 대해 논하고 있는 수많은 평론가들과 작가들의 언급을 한번 찾아본다면 그가 남긴 영향력을 인정할 수밖에 없을 것이라 생각한다.

예술작품은 작가의 관을 바탕으로 예술적 감성과 조형감각 그리고 기교가 어우러져 구현된 텍스트라 생각한다. 작가의 관이 진일보하고 독창적이면 텍스트 또한 진일보하고 독창적이며 아방가르드할 것이다. 그의 유명작품 "샘"을 보라. 뒤샹의 독창적 관이 구현되어 드러난 텍스트로써 얼마나 "관념미"가 "샘"처럼 철철 흘러넘치는가. 아티스트로 뚜렷한 족적을 남기고 싶다면 관념미만 확실히 보여주면 된다.

제프 쿤스

　그는 거대한 강아지 화분 설치 작품과 투명한 유리 수조에 농구공을 넣어 전시하는 등 늘 끊임없는 조형에 대한 탐구를 보여주면서 동시에 관념미의 발현경로 중 하나인 "모티프"에서 관념미를 확보하였다. 그는 "키치"라는 모티프로 그만의 뚜렷한 위치를 확보하였는데 해당 작품들을 살펴보면 주로 강아지풍선처럼 일상의 친숙한 오브제들을 스텐리스 스틸이란 날렵하고 견고한 재료를 바탕으로 거대한 크기로 확대한 후 세련된 장식미를 드러내는 경향이 있다(오브제의 키치한 감성이 대중적 흥행에 가산점을 부여하고 세련된 장식미가 컬렉터로 하여금 소장의 매력을 높이는데 기여한다). 그의 작품이 비싸고 인정받는 이유는 키치한 감성과 장식미가 주된 원인이라기

보다는 "키치"라는 모티프에서 먼저 뚜렷한 독창성을 확보한 점 즉, 키치하면 가장 먼저 떠오르는 작가는 바로 제프쿤스인 것이다. 모티프에서의 작가의 남다른 관점이 작품에 관념미가 깃들게 된 계기가 된 것이다. 키치 모티프는 팝아트에서 주로 다루는 소비문화, 대중문화의 영역과 어느 정도 겹치는 부분이 있지만 그중에서도 유독 어린아이의 순진무구한 혹은 유치한 감성을 자극하는 것들만을 따로 구분하여 범주화한 것들이 현대미술의 키치 모티프에서 주로 다뤄지고 있는 것으로 보인다.

제프쿤스는 다양한 "표현방식"과 특히 "모티프"에서 관념미를 확보하는데 성공함으로써 그는 A급 작가가 되었다. 내가 봤을 때 그는 키치라는 모티프를 바탕으로 미술사에도 뚜렷한 족적을 남기게 되는 것이 분명해 보인다.

P.s 만약 누군가가 키치 모티프의 맥락에서 쿤스의 선택과는 전혀 다른 오브제를 활용해서 작품으로써 선보인다면 그것은 그 오브제 자체의 매력에 의존한 쿤스 흉내 내기로 보일 위험도 있지만 아직 다뤄지지 않은 유니크한 오브제를 발견하여 이를 일관되게(다양한 표현으로) 밀어붙인다면 그 오브제를 통한 고유성의 확보로써 독창성을 인정받을 여지도 있

어 보인다. 그리고 일본의 무라카미 다카시가 에니메이션이란 장르에 기댄 것처럼 키치 내에서도 모티프를 좀 더 섬세하게 세분화하여 선택한 후 그것을 일관되게 밀어붙이는 것도 제프쿤스의 아류로 보일 위험을 잠재우며 나름의 독창성을 확보할 여지가 있어 보인다. 키치 모티프로 본인의 예술을 펼쳐보이고 싶은 작 가분을 위해 몇 줄 적어보았습니다.

선언하는 자와
묻어가는 자

1. 타인의 선언에 뒤꽁무니 좇아 묻어가기보다는 평소 본인의 독창적 관을 형성해가며 새로운 예술운동과 사조를 선언하며 자신만의 고유한 예술영역을 구축하는 것이 어떠한가.

이는 거대 이데올로기가 역사 속 유산이 되어가고 관점의 다양성이 중시되는 포스트모더니즘에도 어울리는 주체적인 삶의 태도로도 볼 수 있는 것이다.

2. 작가가 독창적 관을 형성해가는 데에 별다른 관심을 할애하지 않는다면 이는 곧 다른 누군가의 아류내지는 조잡한 짜깁기에 능한 작가로 서서히 내몰리게 될 우려가 존재하게

된다.

작가가 독창적 관을 형성해가지 않으려는 경우 대개 타인의 시선, 관념에 의존하고 거기에 안주하기마련이고 그러다 보면 아무리 본인이 진솔하고도 개성 있게 작품을 표현한다 한들 작품에서 타인의 관념이 배경에 깔려 진부함이 솔솔 풍길 가능성이 있다고 볼 수 있는 것이다. 작품의 독창성의 수준이 높을수록 자연스레 작품의 격도 비례하기에 이 부분은 유의할 필요가 있지 않을까.

3. 기교와 장식미로만 승부하려는 것은 현대미술작가의 태도와는 거리가 멀다고 생각한다. 기교는 작가의 관을 효과적으로 구현하기 위한 수단이자 매개인 것이지 그것이 지나치게 큰 목소리를 내면 독창적 발상과 관념미는 으레 그 뒤에 숨기 마련이다. 작품의 관념미가 돋보일 수 있도록 기교는 필요이상으로 과하게 부각되는 것을 절제하며 세심하게 구성에서의 적절한 안배를 하는 것은 현명한 태도라 생각한다.

4. 지금껏 알려진 세잔이후의 현대미술 메인스트림의 지면에 족적을 남긴 작품들은 "그 당시 아직 시도되지 않은 것,

행위 혹은 다뤄지지 않은 사물, 방식, 수단, 내용, 형식, 주제를 선구적으로 보여준 일련의 기록이자 흔적"으로 바라봐도 무방하지 않을까 생각한다. 반면 이미 시도된 것들의 범주 안에서 모방하거나 짜깁기한 것은 아무리 근사해도 전자의 A급 작품들을 넘보기는 쉽지 않은 것이다 그래서 누군가는 독창성을 확보하여 족적을 남기고 누군가는 흉내를 내지만 시간이 지날수록 현대미술은 점점 더 폭이 넓어지고 다양해져가는 것 같다.

담론과 작품

현대미술이 담론에 의해 지탱된다는 관념은 때론 오해일 수 있다. 그 담론이란 것이 작품이 먼저 선보여진다음 뒤늦게 발생하게 된 경우가 흔하기에 그렇다. 담론이 생기고 작품이 뒤따르는 것보다 진취적인 작가들에 의해 먼저 새로운 내용과 형식의 작품이 선보여진 후 그것을 설명하기 위한 개념, 해석, 이론적 체계의 부여가 발생하게 됨으로써 담론이 뒤늦게 형성되는 경우가 많다.

#추상표현주의를 선구적으로 보여준 잭슨폴락, 앵포르멜의 선구자 장 포트리에, 라우센버그의 컴바인페인팅, 팝아트 등은 작품이 먼저 선보여진 경우로써 이를 설명하고 해

석하는 담론은 작품이 제시된 이후 뒤늦게 발생했다고 봐도 무방하다.

#미래파, 누보레알리슴처럼 작가나 지식인의 주도로(작품을 제시하기 전에) 선제적으로 조형이론이나 담론을 선언하는 경우는 예외가 된다. 이러한 경우 주창하는 그 운동에 동참하는 작가들은 본인의 작품을 이론이 가리키는 방향에 부합하게끔 선보이게 되어 "현대미술은 담론에 의해 지탱된다"는 일각의 견해에 해당될 수 있을 것이다.

작품의도와 구성
그리고 단상

1. 작가가 표현하고자하는 작품의도는 매우 그럴 듯하게 들리지만 막상 그것이 표현된 조형의 구성은 평범해서 A급으로 인정받지 못하는 경우가 적지 않다. 작품의도의 참신함만큼 중요한건 관념미의 발현경로 즉 표현방식, 표현과정, 모티프, 표현양식, 표현수단, 조형이론 등에서 뚜렷한 독창성을 확보해야한다는 것이다. 순수미술은 오감으로 인지 가능한 범위 내에서 새로움을 보여줄수록 의미가 있기에 아무리 이면의 작품의도가 좋아도 그 실체적 구현에서 뚜렷한 다름을 보이지 못하면 프로작가로서의 역량이 아직은 조금 아쉽다고 볼 수 있지 않을까. 차라리 작품의도를 밝히지 않고 "무제"에 유니크한 구성을 보여주는 작품이 심오한 작품 의

도가 뒷받침된 외견상 평범한 구성의 작품보다 훨씬 비중 있게 조명 받을 가능성이 높다.

2. 야수파, 추상표현주의, 미니멀리즘 등 많은 예술사조는 "선(先), 작품을 통해 유니크한 조형 관념의 새로운 등장 그리고 후(後), 그에 대한 해석과 의미부여의 발생" 이러한 패턴이 흔히 목격되는 현상이다. 즉 작가가 작품에 새로운 혹은 유니크한 조형 관념을 선보이면 뒤늦게 평론가들을 비롯한 지식인들이 작품에 서사적 의미부여 혹은 비평을 하며 그 과정에서 창출된 명칭들이 현대미술사에 기록된 예술사조의 이름이 되는 경우가 종종 발견되는 것 같다.

3. 작가의 작품이 아무리 근사해도 외견상 오감으로 인지 가능한 범위 내에서 작품상으로 유니크한 조형 관념 즉, 뚜렷한 독창성을 드러내지 못하면 그 작품은 A급 작품이 되긴 어려운 일이다. 내가 바라본 A급 작품이란 다른 작품에서는 발견하기 어려운 즉, 그 작품만의 뚜렷한 고유함이 담긴 따라서 미술사적으로 언급하지 않을 수 없는 그런 유니크한 작품을 A급 작품으로 간주한다.

4. 작품에 고유한 조형 관념이 확보되었다면 미술사적으로 그 작품을 언급할 수밖에 없다. 다른 조형에서는 발견할 수 없는 새로움이 그 작품에 담겨있으니까. 그래서 고유한 조형 관념이 확보된 작품은 미술사적 가치가 풍부해지며 A급의 격을 갖추게 되는 것이다. 반면 고유한 조형 관념을 확보하지 못한 개성만 돋보이는 작품은 굳이 비평적으로 언급해주지 않아도 무방하다. 그 작품의 구성을 보면 이미 다른 작품에서 볼 수 있는 조형 관념들만 포착되는데 시중에 공개되고 있는 무수히 많은 작품의 갯수를 고려했을 때 과연 그러한 작품을 미술사적으로 친절하게 의미부여하고 해석할 동기가 부족해지는 것이다. 그래서 이 경우 아무리 잘해도 흔한 작품이 되는 것.

5. 앤디워홀은 본인 작품의 독창적 조형 관념(다른 말로는 관념미)을 확보하기 위해 주위사람들에게 자주 조언을 구하고 괜찮다 싶은 아이디어는 즉시 작품에 반영했다고 한다. 작품 이면의 스토리나 작품의도는 해당 작품이(타인에 의해 아직 시도되지 않은) 조형 관념의 기반 위에서라야(즉 관념미를 뚜렷하게 확보할 때) 비로소 진지하게 조명 받을 기회를 누리게 되는 경향이 있다. 작품의도가 아무리 탁월해도 타인이

이미 시도 한 조형 관념 위에 작품이 기대고 있는 한 그 이면의 스토리와 의미에 자발적으로 진지한 관심을 할애하려는 평론가는 드물다.

왜냐하면 작품은 너무나 많은데 굳이 타인이 이미 시도 한 것과 유사한 평범한 작품에까지 시간과 노력을 할애해야 할 동기가 부족하므로 진부한 구성의 작품은 조명받기가 쉽지 않다. 메인스트림에서는 진부한 작품을 추켜세웠다간 자칫 평론가의 명예와 권위에도 의구심어린 시선이 향할 수 있으니 이런 측면에 있어서도 평론가는 신중한 태도를 보이려 하는 경향이 있다. 작품의 조형 관념이 확연히 달라야 비로소 그 이면의 스토리와 의미에까지도 진지한 관심이 할애되고 그 결과 작품에는 온갖 현란한 인문, 사회문화적 해석이 부여되어 멋진 서사적 아우라가 발생하는 것이다.

안목 있는
컬렉팅을 하고 싶다면

1. 작품을 소장하려는 경우 내재된 조형 관념을 보는 것이 현명하고 장식품을 살 거면 장식미와 기교적 완성도를 우선적으로 고려하는 것이 자연스럽다. 하지만 작품을 소장하는 데 있어 장식품을 고를 때와 동일한 기준을 적용하는 것은 웃프지 아니한가. 작품의 구성을 분석해서 볼 수 있어야 시간이 지날수록 가치가 인정받는 좋은 컬렉팅이 가능하다.

2. 백남준, 이우환, 김수자, 서도호 등 해외에서 인정받는 국제적인 작가가 등장할 수 있는 이유는 그들의 작품에는 그들만의 고유한 조형 관념이 확보되어있기 때문이다. 따라서 미술사적으로 다루지 않을 수 없는 것이고 평론가들이 언급

을 회피하기 어려운 것이다. 순수미술에서 작품의 **A**급을 결정하는 것은 유니크한 조형 관념의 확보여부이지 아름다움이나 조형미 같은 옵션을 얼마나 잘 갖추고 있느냐의 여부가 아니다. 작품에 고유한 조형 관념이 확보되었다는 것은 해당 작품이 독창적인 작품, 유니크한 작품임을 의미한다.

3. 예술을 선도하는 지역에서는 새로운 조형 관념을 창출해내고 그렇지 못한 지역에서는 전자의 조형 관념을 따라 하기 급급하다. 어떤 지역에서 새로운 조형 관념을 만들고 작품에 독창적으로 담아내는 작가가 늘어난다는 것은 예술의 이니셔티브를 이끄는 메인스트림으로 그곳이 서서히 변화되어간다는 증거이기도 할 것이다.

4. 컬렉터가 특정 작품을 두고 그것의 조형 관념은 평범한데 단지 조형미가 있고 아름다워서 구매하게 된 경우를 두고 작품의 미술사적 가치를 보고 투자의 의도가 있었다고 말하고 다니는 것은 현재 본인이 가지고 있는 흔한 볼펜이 훗날 골동품으로 가치를 인정받을 수도 있으니까 고이 간직하려는 태도와 유사해 보인다. 미래의 세븐피겨(한화로 10억 이상)의 가치평가를 받는 수작은 대개 작가의 치열한 조형에 대한

탐구의 결실에서 성취된 유니크한 조형 관념 즉 관념미가 확보된 작품에만 허락되는 것이다. 국제경매시장에서 작품이 공개된 지 수십 년 만에 세븐피겨를 넘나드는 작품 중 관념미가 확보되지 못한 작품을 찾기란 쉽지 않다.

삼류그림과 수작을 알아보지 못한 슬픔에 대하여

1. 삼류작품의 특징은 장식미와 진부함이다. 장식미가 있어야 컬렉터가 집에 걸어두기 좋을 테니 삼류는 아름다움에 탐닉하지만 조형 관념, 구성은 기존의 것을 대개 조합하기 때문에 너무나 평범하다. 따라서 미술사적 가치는 기대하기 어려우며 작품이 아름다울수록 미술에 대한 관심은 있으되 작품에 대한 안목은 없는 속물 수요자들의 구미를 당기게 만든다는 걸 알기에 작가의 관심과 의욕이 대개 집에 걸어두기 근사한 장식미의 내포에 할애되는 것 같다. 아이러니하게도 이러한 단기적 환금성을 위한 장식미, 진부함의 결과는 작가의 경력이 수십 년이 쌓여도 A급 작품의 격은 삼류는 감히 넘볼 수 없는 것이다. 작가로 성공하고 싶으면 멀리보고 장

식미가 아닌 관념미를 담을 수 있도록 노력해야한다.

2. 인상파의 그림을 밑그림수준이라 비웃던 사람. 마티스의 그림을 형편없는 물감자국이라 혹평하던 사람. 잭슨폴록의 드리핑을 범죄자를 연상케 하는 잭더드리퍼라 부르며 조롱하던 사람이 과거에는 있었다.

현재 선보여지는 혁신적인 진일보한 수작에 비웃는 사람은 늘 존재하기 마련이다. 아마 작품이 담고 있는 새로움이 낯설고 이해하기 어렵기 때문일 것이다. 작품의 조형 관념을 보지 못하고 외양의 장식미와 기교만을 두고 작품에 대해 이러쿵저러쿵 떠들어대는 한 현재 선보여지고 있는 수작을 비웃다가 훗날 더 유명해질 작품의 미술사적 가치를 알아보지 못한 것을 슬퍼할지도.

독창적 작가로
우뚝 서기 위해서

　세잔, 칸딘스키, 피카소, 마티스, 잭슨폴록, 장 포트리에, 라우셴버그, 제스퍼존스, 세자르, 아르망, 백남준, 이우환, 앤디워홀, 도널드저드, 바젤리츠, 안젤름키퍼, 게르하르트 리히터, 제프쿤스 등 현대미술에서 일류로 간주되는 작가들 중 오직 수준 높은 기교와 조형미로 인해 인정받은 경우는 거의 없다고 볼 수 있다. 다만 그들은 그들만의 방식으로 관념미를 작품에 확보하는데 성공하였을 따름이다.

　반면 평범한 작가의 작품들은 유니크한 점은 찾기 어렵고 기교적 완성도와 장식미에 골몰하며 이를 바탕으로 인정받고자하는 경우가 있다. 이러한 평범한 작품을 하는 작가도 나름대로 일류로 인정받기위해 열심히 노력하는 것이겠지만

실상은 현대미술의 룰을 잘 이해하지 못하는 안타까움이 있는 것이라 생각한다.

무대에 활동하는 선수가 그 무대의 룰을 잘 모른 채로 어찌 인정받기를 기대할 수 있을까. 만약 작가가 우연히 시도한 것이 독창성을 확보하는 데 성공하게 된다면 이는 소수의 운 좋은 경우로써 이를 기대하는 건 확률도 낮을 뿐더러 너무 주먹구구식의 접근이라 생각한다. 프로작가라면 현대미술사에 대한 공부와 조형에 대한 탐구 그리고 관념미라는 룰을 제대로 직시하는 것이 독창적인 작품을 하는 작가로 인정받는데 있어 현명한 자세가 아닌가 생각한다.

작품이 꼭
아름다울 필요는 없다

1. "조형은 아름다워야한다"는 명제에 집착하며 현대미술에 대한 몰이해를 드러내는 경우가 종종 있는 것 같다. 냉정하게 반문해볼 때 세잔 작품이 그렇게 아름다울까. 키르히너의 작품은 아름다운가, 말레비치 등 러시아 아방가르드는 어떠한가. 뒤샹이 기성품 소변기 작품으로 대가가 되었는데 그것이 조형미가 근사하고 작품이 아름다워서일까. 앵포르멜의 대가 장 포트리에의 작품은 보기에 아름다운 것인가. 물감을 질질 바닥에 흘린 잭슨폴록도 초반에 조롱과 비아냥거림을 견뎌야했는데 솔직히 그의 작품이 그렇게 아름다운 것인가. 그 당시 그들보다 훨씬 더 아름답게 모사에 능한 평범한 구상 작품을 그리던 수많은 작가들은 대부분 잊혀진 반면

상대적으로 작품이 그닥 아름답지 않은 전자에 언급한 작가들의 작품은 관념미를 확보하였기에 미술사적 족적을 남기게 되었다.

2. 회화에서 색을 개성 있게 조합하여 표현하는 것으로만 독창성을 확보하려는 접근은 좀 순진해보일수 있다고 생각한다.

색의 구성에서의 개성을 강조할수록 표현주의, 야수파, 추상표현주의 등 과거에 유행한 사조의 범주 안에서 맴돌며 진부함으로 보일 우려가 있기 때문이다. 색의 구성만으로 독창성을 확보하려하기보다는 차라리 새로운 패턴이나 표현양식, 참신한 모티프를 연구하는 게 더 현명한 판단일수 있다.

3. 다른 작가가 이미 시도 한 작품에 대한 연상작용을 염두하지 않고 그저 본인이 느낀바 대로 표현하기에 급급한 작가는 아직 아마추어티를 못 벗은 것이라 생각한다. 프로작가는 다른 작품과의 연상작용을 경계하고 미술사를 철저히 탐구하여 독창성을 본인의 작품에 확보하였는지 냉철한 분석에 능한 작가라고 생각한다.

굳이 미대를
나오지 않아도 좋다

1. 현대미술에서는 기교적 엄밀함을 내세우는 것은 그리 현명하지 못하다. 기교적 엄밀함은 신고전주의에서나 볼 수 있을법한 고루함이 연상되고 현대미술에서는 나이브한 표현, 단순미가 오히려 더 큰 매력을 어필하는 것이 가능하다. 현대미술은 기교적 엄밀함이나 조형미로 승부하는 곳이 아니라 고유한 조형 관념, 즉 관념미로 승부하는 곳이기에 고유한 조형 관념이 잘 드러날 수 있도록 기교는 적당히 유순한 게 차라리 더 낫다.

2. 현대미술에서 성공하기 위해서 굳이 미대에 나올 필요는 없다. 다만 룰을 잘 파악하여 작품에 관념미를 풍부하게

확보하는 것이 관건이다.

이브클랭, 아르망은 유도선수였고 로버트 라이먼은 미술관 경비였으며 칸딘스키는 법학자였다가 예술의 길을 가게 된 사람이다. 작품에 관념미만 풍부하면 학력과 배경은 대가가 되는 데 있어 그리 큰 걸림돌이 되지 않는다.

오브제 확대하기

흔한 오브제를 거대하게 확대하여 낯설게 바라보게 하는 작업은 클래스 올덴버그, 장 피에르 레노 등 많은 작가들에 의해 자주 시도된 조형 관념이다. 따라서 이 조형 관념을 시도해서 인정받고 싶은 작가라면 매력적이고 참신한 오브제를 신중하게 선택하여 일관되게 밀어붙이면 관념미의 발현 경로인 모티프의 측면에서 독창성을 어필할 수 있게 된다. 단 "흔한 사물을 기념비적으로 크게 확대하기"는 진부한 조형 관념이기에 오브제가 매력적이지 않으면 말 그대로 진부한 작업이 될 수 있지만 "오브제"의 매력에 따라 얼마든지 모티프의 측면에서 관념미를 드러낼 수 있는 작업이기도 하다.

세자르 발다치니

　그는 누보레알리즘의 대표적 작가 중 한 명이며 압축, 팽창 시리즈와 같은 다채로운 접근과 신체의 한 부분만을 포착, 이를 확대하여 거대한 기념비적 설치를 보여주는 등 뛰어난 성취를 이룩하였다. 그의 "압축" 시리즈는 자동차, 모터사이클, 고철 등의 덩어리를 압축시켜 기하학적 형태로 환원한 것으로 재료를 깎거나 덧붙이는 기존의 조소의 표현방식과는 전혀 다른 기계의 물리적 힘을 빌려 "압축"이란 표현방식을 선보여 줌으로써 "표현방식"에서 진일보함을 보여주었다. "팽창"모티프의 경우에는 폴리우레탄과 같은 화학 재료를 녹여서 부을 때의 자연스런 팽창과 응고에서 비롯되는 형상을 그대로 제시한 연작으로서 재료의 물성이 자아내는

"우연성"에 기댐으로써 조소의 "표현방식"에 있어 참신함을 보여준 것이 되고 엄지손가락을 사실적으로 재현하되 그 크기를 거대하게 확대한 조소는 "인체의 한 부분만을 포착하여 거대하게 확대한다"는 즉, 관념미의 발현 경로에 있어 "모티프"에서 "독창성"을 확보한 것이 된다. 세자르는 참신한 모티프와 다양한 표현방식을 선보임으로써 작품에 풍부한 "관념미"를 확보하는 데 성공하였다.

현대미술작가의
격(格)

    대가(大家): 새로운 조형이론을 창출, 흥행시키는데 성공하거나 관념의 미개척지를 개척해보임으로써 예술의 지평을 넓히는데 기여한 작가(ex: 레디메이드를 제시한 뒤샹, 신조형주의 이론을 제시한 몬드리안, 비디오 기기를 선구적으로 활용한 백남준, 모노파의 이론적 토대를 제시한 이우환 등)

    실력 있는 작가: 관념미의 발현경로 즉 표현수단(재료, 오브제, 화구 포함), 표현과정, 표현방식, 모티프, 표현양식 등에서 뚜렷한 독창성을 확보하는데 성공한 작가(ex: 앤디워홀, 제스퍼존스, 제프쿤스, 트레이시에민 등)

평범작가: 대가나 실력 있는 작가가 이미 시도 한 조형 관념에 그냥 묻어가고 안주한 상태로 그 바탕위에서 자기만의 개성을 표현하는 작가, 즉 관념미가 작품에 확보되지 못한 경우.

루치오 폰타나

   그의 조형에 대한 치열한 탐구가 캔버스의 평면성을 극복하고 새로운 회화적 질서를 선보이게 되었다.

   그가 캔버스에 보인 접근 방식은 과격하지만 의외로 간단하다. 화면에 구멍을 내거나 칼로 찢음으로써 캔버스를 마치 평평한 조소와 유사하게 구성하여 새로운 공간을 창출해내는 것이다. 폰타나의 이러한 회화의 접근은 "표현방식"과 "표현양식"의 "진일보"로써 "관념미"를 풍부하게 확보한 것이 된다. 사실 캔버스에 구멍을 내거나 칼로 찢는 행위는 어린아이도 쉽게 행할 수 있으나 프로작가가 본인의 작품을 공식적으로 이렇게 선보이기 위해서는 관(觀)의 진일보를 위한 치열한 연구와 조형에 대한 탐구가 필요한 것이 분명하다.

대충 기존의 양식에 묻어가기 바쁜 작가가 어찌 폰타나의 아방가르드를 흉내 낼 수 있을까. 어린아이는 쉽게 캔버스에 구멍을 낼 수 있어도 진부한 관을 지닌 작가는 그것이 그리 쉽지는 않은 법이다.

아르망

  그는 1960년 파리의 이리스 클레르 갤러리에 30톤의 쓰레기를 가득 "설치"하는 "충만"이라는 전시를 기획하였으며 쓰레기로 전시공간을 가득 채우는 참신한(?) 표현방식을 보여준 것만으로도 그는 이미 미술사에 족적을 남기게 되었다. 아르망은 현실에 대해 논쟁하지 않고 가급적 있는 그대로 드러내 보이고자 하였던 "누보레알리즘"운동의 비중 있는 작가로도 활약하였으며 "소포"연작으로써 쓰레기를 유리상자에 넣은 것을 그대로 작품으로 출품하는가 하면 "집적"연작으로 스푼이나 동전, 악기 등의 "오브제"를 한데 모아 작품으로 구성하였으며, 자동차 수십 대를 "아상블라주"한 "장기주차" 작품을 선보이기도 하였다(이외에도 그는 다양한 작품들을 선보인바 있다). 현대의 생활상과 소비문화의 단면을 노골적으로 드러내주는 쓰레기를 거의 손대지 않고 그대로 활용한 "파격"과 유사한 "오브제"를 한데 모아 보여주는 "집적"이란 "표현방식"의 참신함 그리고 수십 대의 자동차를 활용함으로써 거대한 스케일을 보여주는 "장기주차" 작품은 아상블라주의 표현의 가능성과 범위를 넓혀주었다. 그는 재료, 표현방식의 참신함, 아상블라주의 남다른 스케일 등을 보여주며 작품에 풍부한 관념미를 확보하는데 성공하였다.

고든 마타 클라크

　그는 재건축 예정이거나 철거직전의 건물들을 반으로 쪼개거나 구멍을 내는 등 다양한 인위적 해체작업을 통해 "아나키텍처"란 "조소의 새로운 표현방식"을 개척해보여 주었다.

　그의 "아나키텍처" 방식은 실제 건축을 (순수미술의 영역에서 선보이기 위한) 재료로써 선택한 "표현수단"의 참신함과 인위적 쪼개기와 뚫기 등의 기술적 작업을 통한 "표현방식"의 독창성이 돋보이며 그의 이러한 "설치" 혹은 "조소"에 대한 파격적 접근은 그의 조형에 대한 남다른 "관"의 결과물과 다름없다. 그의 "아나키텍처" 양식은 "재료"와 "표현방식"에 있어 너무나 "관념미"가 풍부하기에 오늘날에도 그는 여전히 미술사적으로 그리고 학술적으로도 진지하게 조명 받고 언급되는 작가들 명단에 꾸준히 포함되고 있다.

철학의 무대

　현대미술은 한편으로는 철학의 무대요, 철학의 무대는 곧 대상 혹은 현상에 대한 작가의 관(觀)과 선언을 겨루는 장으로도 볼 수 있다. 무슨 용도로 사용된 상자인지 모호한 상자가 있다고 치자. A는 그것을 사과 상자라고하고, B는 배 상자라고 한다. A는 왜 그것이 사과 상자인지 타당한 근거를 제시하고 B도 마찬가지로 그것이 배 상자인 타당한 근거를 제시한다. A와 B 둘 다 관점이 충분히 설득력이 있다. 사실 그것이 사과 상자인지 배 상자인지는 주장하기 나름이지만 상자라는 점은 분명하다. 그 상자라는 펙트, 현상을 두고 서로의 해석과 선언을 겨루는 무대가 사실상 철학의 무대요(일상철학 1 지식의 해탈 챕터 참조), 현대미술의 무대다.

　쉽게 말해 조형과 현상에 대한 타당성과 논리정합성을 갖춘 이론과 시선은 시대에 부합할수록 헤게모니를 갖춘 예술 운동이 될 가능성이 있으며 이는 그것을 수용하고 옹호하는 수많은 작가들의 관과 그들의 작업에 직간접적 영향을 줄 수 있을 것이다. 조형과 현상에 대한 체계성을 갖춘 이론과 시선을 창출할 줄 아는 철학자, 대가가 많이 배출되는 나라가 곧 예술의 아방가르드와 패러다임을 이끌어가는 문화강국이 되는 것이다. 반면 타인의 시선과 이론에 묻어가기에 바쁜 수동적인 작가들만 보이면 그것은 조금은 서글픈 현상인 것 이다. 조형이론을 만들어내려면 우선 자기만의 관을 형성해 가려는 노력이 필요하다.

루시안 프로이트

    루시안 프로이트의 누드화는 인체를 바라보는 직설적 시선을 통해 약간의 불편한 감정을 유발하기도 한다. 르누아르나 모딜리아니의 누드작품에서는 흔히 볼 수 있는 따뜻함이나 관능미와는 다소 거리가 있는 그의 누드화 구성은 부분적으로는 표현적이면서도 다소 육중한 느낌의 색조와 음영의 대비, 냉담한 필법으로 리얼리즘이 자아낼 수 있는 건조함을 더욱 고양시킴으로써 인물의 내면에 자리 잡은 고뇌와 존재에 대한 근본적인 사색을 유도하는 경향이 있다. 그의 누드화는 개성을 드러내는 필법 외에 포즈의 적나라함이 눈여겨볼만한데 이는 그의 직설적 표현을 더 인상적으로 부각시키면서 관념미의 발현경로인 "모티프"를 통해 관념미를 확보하는데 중요한 요인으로 작용하고 있다.

단색화에 대한 단상

　서구의 모노크롬양식을 수입해 와서 재료와 마띠에르, 기법만 작가마다 본인의 개성대로 재해석한 뒤 그것을 단색화라 부르며 독창적 양식이라 주장하는 것은 마치 펜슬을 수입해 와서 디자인을 조금 바꾼 후 연필이라 명명하여 국산이라 주장하는 경우와 크게 다르지 않아 보인다. 연필은 펜슬의 바탕위에 있고 단색화도 모노크롬의 바탕 위에 존재한다. 연필과 펜슬의 본질적 특성은 유사하고 단색화와 모노크롬의 관계도 그러하다. 따라서 단색화는 아무리 현란한 이론과 당위성을 동원한다한들 외국에서 이미 선보인 양식에 대한 의존성으로부터 자유롭기는 어렵다. 다만 단색화에 포함되는 작품들을 보면 로버트 라이먼 등의 외국 작가들의 작품을 사실상 답습하는데 그치는 유사한 작품이 있는가 하면 일부 작품은 구성에 있어 독창성을 드러내기도 하기에 단색화를 획일적으로 모노크롬의 아류라는 식으로 낙인찍기는 어렵고 미술사적 가치에 대해 이야기할 때에는 작품들을 개별적으로 논해야 할 것으로 보인다.

살바도르 달리가
자꾸 떠오르는 건

초현실주의 양식은 난해함에 있어서 어쩌면 추상표현주의
나 개념미술보다 더 한 수 위가 될 수도있으리라 생각한다.

게다가 현재 회화에서 선보여지는 초현실주의 양식에 기
댄 작품들을 보고 있으면 달리나 마그리트 같은 과거의 유
명한 작가들의 작품들에 대한 연상작용이(다른 표현양식에서
의 경우보다) 상대적으로 더 강하게 유발되는 측면이 있는 것
같다.

누군가가 초현실주의 양식에 기대어 작품을 하게 된다면
모티프에서 정말 뚜렷한 독창성을 확보하지 않는 한(그런데
그 모티프가 다르다는 걸 판가름하는 일도 초현실주의의 난해함으
로 인해 그리 쉽지는 않아 보인다) 달리나 마그리트와 같은 과거

의 유명한 작가들의 작품이 계속 연상될 우려가 있을 수 있다. 즉, 초현실주의 양식 하에서는 작가가 본인의 개성이 두드러지게끔 잘 표현을 해도 아류로 보일 위험성이 상대적으로 좀 더 강할 수 있는 것이다.

현재 이 시점에서 초현실주의양식에 기대어 작품을 창작함으로써 풍부한 관념미를 확보해낸다는 건 그 양식의 난해함만큼이나 어려운 과제가 아닐까 싶기도 하다. 그렇지만 불가능은 아니리라 믿는다.

누가 서사를
만들어내는가

현대미술사에 기록된 유명한 작품들을 다룬 책을 살펴보면 다양한 인문학적 사유가 동원된 해석과 의미 부여들로 작품들을 설명하고 있는 경우를 흔히 볼 수 있다. 그러한 설명들은 대부분 그 작품을 설명하는 지식인, 비평가의 것이지 해당 작가의 것은 아니다. 미술사에 기록된 작가는 "표현수단, 표현과정, 표현방식, 모티프, 표현양식, 조형이론"(즉, 관념미의 발현경로) 등에서 뚜렷한 독창성을 확보하는데 성공함으로써(따라서 관념미가 작품에 내포됨) 비평가들의 냉정한 시야에 포착된 것이다.

물론 비평가들의 현란한 서사적 해석을 처음부터 의도하고 작품을 한 경우도 분명 존재할 수 있겠으나 잘 살펴보면 대부분 그러한 의미 부여들은 작품이 관념미를 확보하였기에 비평가들에게 포착되어 뒤늦게 갖다 붙여진 경우가 많다. 즉 어떤 작품이 관념미를 확보하여 독창성이 풍부하다면 지식인, 비평가들은 이제 그 작품을 두고 진지하게 사회적 역사적 인문학적인 다양한 해석을 펼치는 것이다.

미니멀리즘 양식의 도널드저드나 칼 앙드레의 작품들을 살펴보면, 주로 산업재료의 물성을 드러내는 기하학적 간결한 구성과 배치만을 보여준 채 가급적 어떠한 장식적인 디테일도 허용하지 않는 무뚝뚝함을 드러내고 있는데, 그들의 그러한 '표현방식'의 독창성(따라서 작품에는 관념미가 확보됨)에 관심을 가지게 된 비평가들의 현란한 해석들을 살펴보면 과연 그러한 의미부여를 처음부터 염두에 두고 작품을 한 작가가 과연 몇 명이나 될까.

반면 어떤 작가가 작품에 다양한 인문학적 의미와 장식미를 담아내려 해도 그 작품에 관념미가 보이지 않으면 비평가들은 처음부터 그 작품에 진지한 관심을 할애하지 않으려는 태도를 보일 수 있다. 진부한 작품에 의미부여를 하며 추켜세우기엔 평론가로써의 평판에도 좋지 않고 또 참신하고 흥미로운 작품은 너무나 많은 것이 사실이기 때문에 개인적 미적취향에 부합하지 않는 이상 진부한 작품은 외면받기 쉽다.

현재 책에서 접하게 되는 현대미술사를 소개하는 작품들에 대한 현란한 의미 부여들은 대부분 작품이 관념미를 확보하였기에 뒤늦게 덧붙여진 해석이지 그러한 해석들을 작가가 처음부터 일일이 다 염두하며 작품을 창작했기 때문에 그들이 미술사에 기록된 것은 아니라고 본다. 따라서 작가는 본인의 작품에서 관념미를 확보하면 비평가들이 알아서 의미부여와 서사를 제공하니 담론이나 스토리에 처음부터 필요이상의 집착을 보일필요는 없다고 본다.

로버트 라우셴버그

그는 추상표현주의의 주관성이 강조된 표현과 엄숙주의에 대한 반발로써 일상의 오브제를 표현수단으로 적극 선택함으로써 현실과 괴리된 채로 동떨어져 보이는 예술과 일상 사이의 간극을 좁혀나가려는 시도를 하였다. 라우셴버그는 폐타이어등의 다양한 사물을 회화가 표현된 캔버스와 접목시킨 "컴바인페인팅"이란 새로운 표현방식을 선보였는데 (피카소도 조형적 효과를 위해 캔버스에 다양한 사물들을 콜라주하였으나 그의 행위는 캔버스의 평면적인 특성을 주된 바탕으로 콜라주 된 사물의 입체감이 조금 가미된 것이었다면 라우셴버그의 컴바인페인팅은 회화의 평면과 조각에서 볼 수 있는 수준의 양감이 결합되어 회화와 조각의 경계를 넘나들며 그 사이의 경계를 모호하게 만든 것에서 서로 구분된다) 캔버스에 회화와 함께 다양한 오브제를 아상블라주한 "컴바인페인팅"은 "표현방식"에 있어 그 당시 상식으로부터 "진일보함"을 보여줌으로써 풍부한 "관념미"를 확보하는 데 성공하였다.

그는 컴바인페인팅 이후로 워홀을 따라 실크스크린 판화 기법을 활용하여 직접 그린 부분과 오브제, 다양한 시사적 이미지들을 혼합한 개성이 돋보이는 구성을 선보이며 팝아트에서도 나름 비중 있는 작가로 활약하기도 하였다. "컴바인페인팅"이라는 그 당시 새로운 표현방식을 선보여준 것에 안주하지 않고 워홀의 펙토리를 방문한 후 실크스크린 기법을 차용하여 본인만의 또 다른 독창적 구성을 선보이기 위해 노력하는 등 늘 조형에 대한 치열한 탐구를 보여주었기에 그는 현대미술사에서 뚜렷한 족적을 남긴 작가 중 한 명으로 기록되게 되었다.

앤디 워홀

그는 팝아트의 아버지 격(에두아르도 파올로치가 1947년 공식적으로 가장 먼저 팝아트 작품을 선보였다)의 인물은 아니지만 팝아트의 유행에 있어 선두에 선 작가로 인정받는다. 일반적으로 봤을 때 특정 운동이나 사조를 떠올리면 그것을 최초로 제시한 인물이 먼저 연상되는 것이 흔하지만 팝아트의 경우는 대개 앤디워홀이 우선적으로 떠오를 만큼 작가로써의 발자취와 강한 인상을 남겼다. 그는 실크스크린 판화기법이라는 '표현수단'에서의 참신함을 보여주고 캠벨수프 깡통을 비롯 코카콜라, 달러 지폐 등 너무나 일상적인 그러나 모티프로써 다루면 흥미롭게 느껴질 만한 대상들에 주목함으로써 가장 범속적인 것이 막상 다루었을 때 가장 눈에 띄는 주제일 수 있음을 보여주었기에 이는 곧 관념미의 발현경로인 '모티프'에서 독창성을 드러낸 것이 된다.

그는 당시 예술가로서는 드물게 펙토리라는 나름의 시스템을 구축하여 사업가의 상업주의적 태도를 노골적으로 보여주기도 하였다. 그의 이러한 상업주의적 태도에는 비판도 있겠지만 대중문화 특히 소비문화에 많은 관심을 할애하는 경향이 있는 팝아트의 특성과 나름대로 조화를 보일 수 있는 여지가 존재하는 것은 아닐까. 그의 관(觀)은 그 당시 상식으로부터 상당히 독창성을 확보하였기에 그에 따른 남 다른 그의 행보는 늘 언론과 대중의 주목을 받았고 동시에 작품에 관념미는 풍부하게 내재된 것이라 생각한다.

이우환

　이우환 작가는 사물과 대상을 있는 그대로 드러내 보여 상호간의 관계성과 만남에서 조성된 상황에 진지한 관심을 할애하는 모노파(1960년대 일본에서 발생된 새로운 예술운동)의 이론적 토대를 제시한 철학자로써(참신한 조형이론을 창출하였으니 몬드리안과 나란히 견줄수 있는 대가로서의 자격을 갖추었다) 모노파이론이 구현된 자연석과 철판을 활용한 그의 다채로운 '표현방식'은 독창성을 확보하고 있다. 그리고 점, 선 등의 조형요소를 모티프로 서예적 필법이 드러나는 세련된 회화는 여백의 여운을 음미할 수 있는 한국적 접근으로 외국에서 유행한 모노크롬과는 다른 독창적 패턴과 구성을 확보하고 있다.

그는 독창적 이론(모노파)의 창출과 표현양식(회화에서의 독창적 구성) 및 표현방식에서 관념미를 풍부하게 확보하고 있으며(관념미의 발현경로 6가지 중 3가지 부문 즉 조형이론, 표현방식, 표현양식에서 관념미를 확보함) 그의 작품에 내재된 "관념미"의 수준은 타인이 창안한 이론과 양식, 조형 관념에 묻어가는 평범한 작가의 경우와 비교해보았을 때 월등한 수준이라 볼 수 있다.그래서 이우환 작가는 구겐하임미술관에서 대규모 회고전을 가지는 등 국제적인 거장으로 인정받고 있다.

관념미(GNM)를
좀 더 쉽게 이해하기

　1. 관념미는 쉽게 말해 작품의 형식에서의 진일보함, 내용의 독창성, 아방가르드의 수준이 어느 정도인지를 나타내주는 지표로써 이해해볼 수도 있을 것 같다. 관념미의 원래개념은 작가의 관의 독창성, 진일보함에서 비롯되는(작품에 담기는) 지적인 특성의 아름다움으로써 작가의 관이 상식으로부터 진일보할수록 그리고 독창성의 수준이 높을수록 작품에 내재된 관념미의 수준은 비례하여 높아진다.

　작품은 작가의 관을 바탕으로 예술적 감성과 조형감각 그리고 기교가 어우러져 구현된 텍스트이니(이 부분은 여러 글에서 이미 상세히 언급하였으니 여기서는 더 논하지 않기로 한다) 작가의 관이 관념의 미개척지를 개척하고 있는 상태여서 그의 텍스트(작품)가 (관념의 미개척지를 개척하고 있기에) 결과적으로 예술의 지평을 넓히는데 기여하게 되는 경우(일례로 뒤샹의 레디메이드)가 가장 관념미의 수준이 높다고 볼 수 있다(만약 관념미라는 개념이 난해하게 여겨질 경우 그냥 "독창성의 수준" 정도의 뉘앙스만으로 파악해도 이 개념에 대한 접근에 있어 크게 오해는 없으리라 본다).

2. 현대미술가가 본인이 완전히 새로운 조형이론, 양식, 수단, 모티프를 시도하기 두렵고 엄두가 안 난다면 기존의 조형 관념에 기대되 그것의 바탕위에 본인의 독창적 조형 관념을 함께 드러낼 수 있어야한다. 이 경우 작품에 본인의 독창적 조형 관념이 차지하는 비중만큼 작품의 관념미의 수준도 비례하여 높아질 것이라 본다. 즉 작품의 내용, 구성에 있어 뚜렷한 독창성을 반드시 확보할 수 있어야 실력 있는 작가라 볼 수 있게 되는 것이다.

3. 관념미와 관련한 직설적 질문들
작품이 표현방식에서 독창성이 있는가?
표현양식에서 독창성이 있는가?
표현수단(재료, 화구, 오브제 등)에서 독창성이 있는가?

모티프에서 독창성이 있는가?

표현과정에서 독창성이 있는가?

작가가 새로운~이즘, 사조, 조형이론을 선언할 수 있는가?

콩스탕탱 브랑쿠시

   그는 추상조각의 선구자로써 그의 작품들을 보면 대개 표현에 있어 지엽적인 군더더기 묘사는 가급적 단순화하며 세밀한 구상보다는 "추상성"을 통해 조형의 본질에 더 근접하기 위한 시도들을 보여주었다. 그의 "공간속의 새" 작품은 대상과 관련하여 연상되는 특성을 예리하게 포착하여 시각적으로 그 엣센스를 담아내는 탁월한 감각을 보여주었으며 또한 30미터가 넘는 거대한 기하학적 패턴의 기둥형 작품을 통해 조각의 "표현방식"에 있어서 "반복"이란 "개념"을 거의 처음으로 선보이기도 하였다.

   당시 조각의 일반적 흐름이었던 구상에서 한발 더 나아가 추상조각을 개척한 선구자로써 그의 조형에 대한 통찰력과 세련되고 간결한 표현이 담긴 작품들은 그의 독창적인 관(조형 관념 포함)을 구현한 텍스트인 것이다. 만약 그가 당시 일반적인 구상조각가들과 크게 다를 바 없는 관점을 가졌다면 그의 작품(텍스트) 또한 평범한 구상에서 벗어나지 못했을 것이다.

그의 관은 조각의 상식으로부터 진일보한 결과 그는 미술사에 뚜렷한 족적을 남긴 탁월한 작가가 되었다.

확보해야 할 간극은
점점 더 벌어지는데

　20세기 초만 해도 최초로 공식적으로 완전추상을 보여준 칸딘스키나 색채를 재현의 의무로부터 해방시킨 마티스 정도면 상당히 진일보한 아방가르드였는데 이제는 그 정도 간극을 보이는 것만으로는 아방가르드로 인정받긴 점점 더 어려워 보인다. 아방가르드, 진일보, 관념의 미개척지의 개척으로 인정받기위한 선보여야 할 '다름'의 정도가 점점 더 높은 수준이 요구되고 있는 것이다. 과거처럼 본인의 작품에 남들과 조금 다른 조형 관념을 보여서는 쉽게 관념미를 드러내긴 어려운 것이다. 현재 시점의 아방가르드라면 기존의 표현방식과 양식들과는 확연히 달라야하며 어쩌면 기존의 틀에서 벗어나 아예 새로운 틀을 짜야 하는 것이 필요해보이기

도 한다. 새로운 틀을 위해 첨단기술에 기대야 할지 새로운
아이디어에 기대야 할지, 기존의 방식들을 활용하거나 재해
석할지는 아방가르드를 선호하는 작가라면 스스로 고민해봐
야 할 몫이다.

페르낭 레제

그는 큐비즘 운동에 가담하였으나 큐비즘이란 타인의 조형 관념에 안주한 채로 예술성을 추구하는 것에서 벗어나 본인의 관을 형성해가며 조형에 대한 연구를 통해 "튜비즘"이라는 새로운 표현양식을 창출하는 탁월한 모습을 보여주었다. 그의 구상화 작품들을 보면 노동자들의 모습도 자주 드러나는데 인물의 형태를 원통형으로 환원시켜 기하학적인 특성과 도색을 연상케하는 평면적 색채감을 동시에 드러내어 산업 문명의 현장감과 역동성을 리듬감 있게 담아내는 구성을 보여주었다. 튜비즘이란 그의 독창적 조형 관념 덕분에 레제의 작품에는 관념미가 풍부하게 내재되어있고(그의 작품은 얼마나 독창적인 텍스트인가!) 따라서 그는 미술사에 뚜렷한 족적을 남기게 되었다.

트레이시 에민

    그녀는 제도권 에서 석사학위 까지 수료한 나름의 높은 스펙을 지닌 작가다(따라서 그녀는 뎃생과 같은 기교의 수준도 상당하다고 한다) 굳이 이러한 부분을 이야기하는 이유는 예술가가 인정받기위해서는 학벌이 중요하다는 이야기를 하고자하는 것이 아니라 그녀가 왜 품위와는 거리가 먼 당혹스런(?) 침대작품을 출품을 해서 영국의 터너상 후보에까지 지명되었느냐는 사실에 대해 이야기하고자함이다. 내가 봤을 때 그녀는 탁월한 승부사다. 그녀가 본인의 "은밀한 사생활"을 있는 그대로 드러내기 위해 직접 사용하던 침대를 꾸밈없이 그대로 설치하여 적나라하게 제시한 것은 그녀가 처음이다(라우셴버그는 침대보를 작품으로 내놓긴 했지만 이는 캔버스대용으로써 나름의 조형미가 가미된 하나의 오브제였을 뿐 본인의 사생활을 드러내고자한 의도는 아니었으니 모티프의 측면에서 서로 구분된다). 즉 그녀는 "본인의 은밀한 사생활을 불편함을 유발할 정도로 적나라하게 드러내기"라는 아주 진솔한 "모티프"를 통해 독창성을 확보하고 동시에 본인이 사용하는 침대를 (외견상 조형적 장식미를 위한 손길을 더하지 않은 채로) 작품으로 그대로 제시함에 따른 "표현수단"에 있어서도 나름의 독창성을 보여준 셈이다(본인이 쓰던 잡동사니가 널부러진 침대를 부끄러워하지 않고 그대로 작품으로 내놓을 수 있다는 당돌함을 보여준 것으로써 흔히 사용하지 않은 깨끗한 기성품, 즉 레디메이드를 제시하는 것이나 아르망이 보여주었듯 익명의 쓰레기를 활용하는 것과는 서로 미묘한 구분이 가능하다).

그녀의 이러한 당혹스런(?) 침대작품 이면에는 조형에 대한 독창적인 관이 존재한다고 생각한다. 평범한 관점을 가진 이가 어찌 이런 과감한 시도를 할 수 있을 것인가. 그녀의 독창적 관은 관념미의 발현경로인 표현수단, 모티프를 통해 관념미가 드러난 것이기도 하며 따라서 그녀의 작품에는 관념미, 독창성이 풍부하게 내재된 것이다.

현대미술의 관념미라는 룰에 따라 그녀의 침대 작품은 터너상 후보에까지 오르게 되었으며, 그녀는 현재 국제적으로 인정받는 작가다. 권위 있는 제도권에서 석사학위까지 수료한

그녀가 본인이 쓰던 침대를 작품으로 내놓은 것은 "관념미"라
는 룰을 직시한 고도의 전략적 승부인 것이라 볼 수 있다.

작가 A와 B

치열한 입시미술의 귀결인지는 몰라도 작품에 선보여지는 기교와 정성만큼은 정말 그 어느 세계적 대가에게도 지지 않을 자신이 있는 작가 A는 단하나 흠이 있다면 아쉽게도 본인의 독창적 관을 형성해가는 것에 대해서는 별다른 관심을 보이지 않는다는 것이다. 본인이 평소 연마하고 뽐내는 기교와 정성하나면 사람들이 알아봐 주리라는 자신감 때문이리라. 반면 외국인 작가 B는 제도권의 정식 미술교육을 받지 않아 뎃생도 서투르고 작품의 제작시간도 1~2시간을 넘기는 법이 없다. 하지만 B는 현대미술의 룰인 관념미를 직시하고 있기에 본인의 독창적 관을 형성해가고 조형에 대한 실험과 연구를 게을리 하지 않는다.

A의 작품은 기교와 정성이 풍부하게 느껴지긴 하지만 독창적 관에서 비롯되는 관념미가 부족하다(즉 그의 작품을 자세히 들여다보면 그의 친한 동료작가의 작품의 양식도 보이고 과거 대가들의 양식도 보이지만 정작 독창성 있는 부분은 찾기가 어렵다). 반면 B의 작품은 A작품에 비해 상대적으로 기교가 엉성해 보이지만 B만의 독창성이 보인다. 즉 B의 작품은 독창적 관에서 비롯된 관념미가 존재하는 것이다. 만약 여기서 A의 작품이 6개월에 걸쳐 여러 번의 밤샘작업을 통해 완성한 작품이고, 반면 B의 작품은 1시간도 채 안 되어 완성한 작품이라면 어떨까.

　누가 더 국제무대에서 호평 받을 수 있을까? 당연히 B의 작품이다. A는 마치 앵그르가 활동하던 시대의 룰에 기대어 승부를 거는 것과 유사한 반면에 B는 세잔이후 펼쳐진 현대미술의 관념미 룰에 기대어 승부를 거니 당연히 현재로써는 B의 작품이 현대미술에서 더 인정받는 건 너무나 당연하다. 만약 이 글이 쉽게 수긍이 안 된다면 세잔이후의 현대미술작품 중 격 높게 호평을 받는 작품들의 특징들을 곰곰이 살펴보는 것은 어떨까. B의 작품과 마찬가지로 기교가 아닌 풍부한 관념미로인해 인정받고 있다는 사실을 쉽게 알 수가 있을 것이다.

누보레알리즘

　현실을 논쟁하지 않고 있는 그대로 기록하고자한 누보레알리즘 운동을 보라. 이 예술운동에 참여한 작가들의 작품(텍스트)은 저마다 다르다. 누보레알리즘의 이론이 제시하는 방향성에 부합하되 그 표현은 작가 개개인의 관에 따라 제각기 다른 것이다. 세자르의 압축, 팽창 시리즈와 아르망의 집적 시리즈 그리고 아상블라주들을 보라. 같은 운동에 참여했다고 하기엔 드러난 표현방식이 너무나 다르다(물론 작품을 통해 지향하고자하는 방향은 비슷할 것이지만). 작가가 특정 예술운동에 함께 참여한다 하더라도 작품에서 본인만의 독창성을 확보하지 못한다면 다른 작가들의 작품에 비해 진지한 조명과 평가를 받지 못할 위험이 있을 수 있다.

타인이 선언하고 주도하는 어떤 거창한 예술이론을 기다리며 거기에 의존하기보다는 본인이 독창적 관을 형성해가며 새로운 조형이론, 예술운동을 선언해보는 것은 어떠한가. 비록 홀로일지라도 그 존재감은 결코 무시할 수 없으리라.

에드워드 호퍼

　그는 현대인의 고독한 삶의 장면들을 담담하게 사실적으로 캔버스에 담아내었다. 그의 작품에서 흔히 발견되는 일반적 특징은 명암의 대비를 잘 활용하여 화면에 흐르는 고독한 정서를 고양시키고 모티프에 대한 좀 더 농밀한 접근을 유도하기 위해 지엽적인 세세한 묘사는 가급적 배제하고 있음을 파악해볼 수 있다. 이러한 특징들은 그가 중시하는 "현대인의 고독"이란 "모티프"를 더욱 돋보이게 하기 위한 그의 세심한 안배이자 조형 관념(작가의 관에 포함된다)으로도 볼 수 있을 것 같다.

　작가가 사실주의적 화풍을 선호함에 있어서의 관건은 바로 "모티프"에서 승부를 거는 것에 달려있다고 생각한다. 모티프에서 뚜렷한 독창성을 확보하지 못하면 다른 사실주의 화풍을 선호하는 작가들의 틈바구니에서 존재감 부족으로 인한 고민을 늘 해야 할지도 모른다.

　에드워드 호퍼는 현대인의 "고독감"이 잘 드러나는 "모티프"로 일관성 있게 작품을 선보인 결과 그의 작품은 사실주의적 화풍이란 흔한 양식 속에서도 뚜렷한 "독창성"을 확보하게 되었다. 에드워드 호퍼가 현대인의 일상에서 흐르는 고독감을 잘 포착해낸 모티프를 밀고나간 것의 이면에는 모티프에 대한 평소 그의 남다른 사유와 관의 결과가 아니겠는가.

앙리 루소

야생의 원시적인 모티프를 주로 선호했던 그는 원근법을 무시한 평면적이면서도 콜라주한 듯 미묘한 입체감을 드러내는 독창적 "표현양식"을 보여주었다. 사실 이러한 그의 "표현양식"은 어쩌면 세잔처럼 치열한 연구의 결과물이라기보다는 그 당시 아카데미의 정식 미술교육을 받지 못한 이력과 본인의 순진무구한 성향에서 어느 정도 운 좋게(?) 얻어걸린 것인지도 모른다. 어쨌든 그의 표현양식은 그 당시 아카데미출신의 뎃생 실력을 뽐내는 수많은 천편일률적 진부한 표현들과는 남다른 아우라를 드러낸 건 사실이다(그의 작품으로부터 피카소가 많은 긍정적 자극을 얻었다고 한다).

세관원으로서의 성실한 삶을 살아가면서 당시 일요화가라

는 비아냥거림에도 아랑곳하지 않고 우직하게 그만의 화풍을 만들고 밀고나간 그 모습이 아름답다. 그의 회화에 대한 평소 생각을 글로 옮겨본다면 하나의 관념이자 지식으로써 이는 앙리 루소의 조형에 대한 관점으로 간주해볼 수 있을 것이지만 아쉽게도 그는 그의 독창적 표현양식 이면의 그의 독창적 관에 대해 별다른 선언이나 체계성을 갖춘 글을 남기지 못했다.

만약 그가 직관적으로 파악하고 있는 그만의 조형에 대한 생각을 체계적으로 다듬어 선언을 하거나 적극적으로 글을 남겼더라면 그는 생존할 당시 피카소처럼 격 높은 대우를 받게 되었을지도 모를 일이다. 여하튼 그의 작품에는 독창적 관에서 비롯된 관념미가 풍부하니 피카소에게 귀한 대접을 받았으며 미술사에도 족적을 남길 수 있었다.

백남준

그는 한국인으로서 현대미술사에 뚜렷한 족적을 남기게 된 독창적인 관을 형성해간 철학자요 작가이다. 그가 예술에 대해 남긴 글들을 보면 그의 관이 그 당시 상식으로부터 얼마나 독창성이 있었는지 짐작해볼 수 있을 것 같다. 그의 독창적 관은 "비디오기기"를 선구적으로 활용하는 모습 즉 "표현수단"에서의 "진일보"한 모습으로 드러나며 "비디오기기도 오브제로 선택하여 활용가능하다"는 그 당시 "관념의 미개척지"를 개척해보이며 예술의 지평을 넓히는데 기여하였다. 그래서 그는 플럭서스 운동에 동참한 것을 포함하여 현대미술사에 비중 있게 기록될 수 있게 된 것이다. 백남준의 진일보한(관념의 미개척지를 개척하고 있는) "관"에서 비롯된 작품의 풍부한 "관념미"가 그가 인정받게 된 중요한 부분이라 생각한다. 한 번 더 언급하지만 현대미술에서 격 높게 호평받기위해서는 표현미와 조형미는 부차적인 부문이고 관념미는 필수다. 세잔이 작품의 관념미로 인정받게 된 이후로 룰이 그렇게 바뀌기 시작했다.

어느 대화

A: 학생이 뎃생이 정밀하지 못한가?

괜찮다. 마티스처럼 콜라주로 표현하면 되지.

색채가 감각적이지 못한가?

괜찮다. 호크니처럼 사진으로 표현해볼 수도 있지.

재료를 준비하기가 어려운가?

괜찮다. 개념미술을 해보든지 스마트폰으로 동영상을 촬영해볼 수도 있지.

B: 왜 학생에게 괜찮다고만 하는가? 뎃생 실력이 부족하면 실력을 기르라고 호통 치지 않고~

A: 그거야 본인이 관을 구현하는데 뎃생이 필요하면 필요

한 만큼 스스로 판단하여 함양하는 것이지, 뎃생과 같은 기교의 수준을 잣대로 그 사람의 작가로서의 역량을 논하는 것은 참으로 어리석은 태도이니까요. 진정 호통 쳐야 할 부분은 독창적 관을 형성해갈 생각 없이 타인의 관념에만 의존하고 안주하며 뎃생 실력에만 집착하면 그거야말로 현대미술의 흐름과 동떨어진 기능공 같은 태도라고 꾸짖어야죠.

B: 아하, 그렇구나~

덧붙이는 말, 작가가 독창적 관을 형성해간다면야 뎃생과 같은 기교가 조금 엉성하면 어떠랴 본인의 관을 사진이나 영상 혹은 오브제로도 표현하면 될 것을. 본인의 독창적 관을 형성해가는 자는 자유로이 다양한 매체를 넘나들 수 있다고 본다. 작품은 작가의 관을 바탕으로 예술적 감성과 조형감각, 기교가 어우러져 표현된 "텍스트"이기에. 이 "텍스트"를 회화나 조소 등 어떤 "매체"를 통해 표현하느냐는 상대적으로 부차적인 부문일수 있고 그전에 요구되어지는 가장 중요한 부분은 바로 작가의 관의 독창성이다. 만약 이 관의 독창성에서 아쉬움이 발생하게 되면 해당 작가의 작품은 진부함으로부터 벗어나기 어려울 우려가 존재한다.

예술에 대한 질문

예술은 무엇인가? 즉, 무엇을 예술이라 부를 수 있는가?

예술의 효용과 기능을 논하자면 무엇이라 할 수 있을까?

예술은 누구를 위한 것인가?

이 3가지 질문에 대한 답은 규정하는 사람에 달려있다. 이 질문들에 대한 답을 어떻게 규정하느냐에 따라 예술의 새로운 지평이 발견될 수 있는 힌트를 얻을 수 있다고 생각한다.

이렇게 한 번쯤
생각해보는 것도 재밌잖아요?

세잔의 작품에 대한 현대의 비평가들이 남긴 무수히 많은 텍스트들을 잘 살펴보자. 그것들은 본질적으로 해석이다. 세잔의 작품을 "인식"한 결과 도출해낸 "견해"인 것이다. 그것들은 과연 얼마나 타당한 것일까. 세잔이 엑상프로방스에서 그림을 그려댈 당시의 아카데미 화풍을 지지하던 주류비평가들의 세잔의 작품에 대해 남긴 비평을 보자 그리고 전자의 현대비평가들이 세잔에 대해 남긴 텍스트와 후자의 과거 주류비평가들의 텍스트 사이의 간극을 살펴보자. 같은 작품에 대한 평가이건만 왜 전자는 구성과 독창성, 깊이와 같은 긍정적 특성들을 논하고 후자는 그리다 만 그림이라는 둥 혹평을 해대는 것일까.

만약 과거 비평가들이 현대 비평가들의 세잔에 대한 텍스트를 본다면 그들은 얼마나 공감할 수 있을까. 혹시 실제와는 영 딴판으로 그린 엉터리그림에 그럴듯한 논리를 들먹이며 사기를 쳐댄다고 비난하지는 않을까. 만약 누군가가 세잔의 작품이 왜 칭송받는지를 알기위해 현대비평가들이 세잔작품에 대해 남긴 텍스트를 보고 "아, 이렇게 위대한 특성들이 작품에 존재하기에 세잔작품이 칭송받는구나"라고 믿게된다면 "왜 그 당시 똑똑한 주류비평가들은 세잔의 작품으로부터 그러한 위대한 특성들을 발견하지 못했는지"에 대해서 한번 생각해보는 것은 어떨. 어쩌면 현대비평가들이 세잔의 작품에 대해 부르짖는 많은 위대한 특성들의 대부분은(사실은 전혀 다른 이유로 그의 작품이 인정받게 된 후에) 뒤늦게 갖다 붙여진 것은 아닌지 생각해보는 것도 재미있을 것 같다.

대가(大家) 2

대가란 지속적으로 더 나아지겠다는 결단을 하고 본인의 주체적 관을 형성해가는 자다.

본인의 관이 기존의 지식을 재해석함으로 인한 주체적이라는 것에 만족하지 말고 일반적인 상식, 지식, 관념을 넘어서는 진일보를 이루어 독창적 관념체계, 즉 이론을 창출해야 진정한 대가다.

대가의 스토리는 본인의 관을 형성해가며 안주하지 않고 더 나아지겠다는 결단에서 비롯되는 것이지 타고난 천재성 따위를 운운하며 패배주의적인 태도로 기존의 작가들이 보여준 기법과 관념에 사실상 그대로 머무르는 것은 너무나 안일한 태도다. 아직 개척되지 못한 관념의 미개척지는 얼마나 많을 것인가 찾고자 하는 자에겐 그 모습을 드러낼 것이 분명해 보이는데.

현일 박재봉, 『하늘공부 1』, 도서출판 가마오, 2011

현일 박재봉, 『하늘공부 2』, 도서출판 가마오, 2011

현일 박재봉, 『하늘공부 3』, 도서출판 가마오, 2012

현일 박재봉, 『제라울』, 도서출판 가마오 , 2013

현일 박재봉, 『땅인사람 1』, 도서출판 가마오 , 2013

현일 박재봉, 『땅인사람 2』, 도서출판 가마오 , 2013

현일 박재봉, 『제라울(우주편)』, 도서출판 가마오 , 2014

현일 박재봉, 『현통기』, 도서출판 가마오, 2014

현일 박재봉, 『강마을 청룡』, 도서출판 가마오, 2018

현일 박재봉, 『강마을 주작』, 도서출판 가마오, 2018

현일 박재봉, 『강마을 현무』, 도서출판 가마오, 2018

현일 박재봉, 『강마을 백호』, 도서출판 가마오, 2018

관념미학(GNMH) 일상철학3

김정휘 지음

발 행 처 · 도서출판 청어
발 행 인 · 이영철
영   업 · 이동호
홍   보 · 천성래
기   획 · 남기환
편   집 · 방세화
디 자 인 · 이수빈 ㅣ 김영은
제작이사 · 공병한
인   쇄 · 두리터

등   록 · 1999년 5월 3일
(제321-3210000251001999000063호)

1판 1쇄 발행 · 2020년 6월 20일

주   소 · 서울특별시 서초구 남부순환로 364길 8-15 동일빌딩 2층
대표전화 · 02-586-0477
팩시밀리 · 0303-0942-0478

홈페이지 · www.chungeobook.com
E-mail · ppi20@hanmail.net
I S B N · 979-11-5860-853-8(04100)
           979-11-5860-158-4(세트)